저항의 세계화

저항의 세계화

크리스 하먼 · 존 리즈 지음 / 정영욱 옮김

저항의 세계화

지은이 | 크리스 하먼·존 리즈
옮긴이 | 정영욱
펴낸곳 | 도서출판 북막스
펴낸이 | 김희준

등록 | 2000년 2월 21일(제6-0484호)
주소 | 서울특별시 중구 필동1가 21-2 대덕빌딩 205호
전화 | (02) 2265-6354
팩스 | (02) 2265-6395

초판 1쇄 발행일 2002년 1월 25일
초판 2쇄 발행일 2003년 6월 1일

값 8,000원

ISBN 89-951306-3-6 03300

잘못된 책은 바꿔드립니다.

저항의 세계화

1장 IMF, 세계화, 그리고 저항 • 7

서문 • 9 / 문답풀이 • 11 / 신자유주의가 낳은 재앙 • 15 / 동유럽의 실패한 실험 • 19 / 혹사 공장의 지옥 • 20 / 환경의 악몽 • 22 / 세상에 공짜는 없다 — 무기와 '원조' • 24 / 누가 지배하고 있는가? • 26 / IMF 뒤에 보이지 않는 주먹 • 28 / 우리는 무엇을 할 수 있을까? • 31

2장 반자본주의 — 이론과 실천 • 37

신자유주의에 대한 거부 • 43 / WTO, IMF, 다국적 기업, 시애틀의 충격 • 48 / 시애틀과 그 뒤의 논쟁 — 개혁이냐 폐지냐 • 53 / 사회적 조항, 아동 노동, 노조 권리들 • 54 / 외채 탕감 운동으로 충분한가? • 59 / 빈곤, 개발, 생태 파괴 • 62 / 신자유주의, 세계화, 자본주의 • 68 / 신자유주의와 세계화 이론들 — 세계를 거꾸로 보기 • 72 / 세계화, 신자유주의, 전쟁 • 79 / 신자유주의의 기원 • 81 / 마르크스와 반자본주의 • 82 / 마르크스주의와 20세기 • 92 / 국가 개입의 정점 • 93 / 신자유주의의 탄생 • 99 / 한계와 모순 • 107 / 변화의 주체 문제 • 114 / 노동자들과 반자본주의 • 123 / 항의 운동의 동력 • 128 / 조직 문제 • 136 / 후주 • 144

3장 반자본주의, 개량주의, 사회주의 • 153

반자본주의 • 156 / 반자본주의와 최신의 노동당 노선 • 165 / 개량주의의 위기 • 177 / 사회주의 사상의 경청자들 • 187 / 사회주의자, 현장 조합원, 노동조합 • 191 / 공동 전선 • 196 / 선거와 사회주의자동맹 • 204 / 혁명 정당 • 216 / 후주 • 225

인명 찾아보기 • 228

*일러두기

1. 한글 전용을 원칙으로 하되, 이해를 돕기 위해 한글 다음에 한자나 외국어를 병기했다.
2. '[ ]', 즉 각(角)괄호는 옮긴이가 뜻을 더 분명히 전달하기 위해 말을 첨가하는 경우에 사용했다.
3. 원서에서 강조한 부분은 고딕체로 표기하였다.

1장
IMF, 세계화 그리고 저항

크리스 하먼

IMF, 세계화 그리고 저항*

서문

반자본주의 운동이 발전하고 있다. 이 운동의 목적은 전 세계 수백만 명의 삶을 파괴하고 수억 명의 삶을 황폐하게 만드는 과정을 중단시키는 것이다.

작년 11월 시애틀에서, 그 다음에는 세계 곳곳에서 수만 명의 사람들이 시위를 했다. 그 중에서 가장 인상적이었던 것은 시애틀 시위였다. 이들의 행동 덕분에 국제통화기금(IMF), 세계은행, 세계무역기구(WTO)의 정책들이 집중적인 조명을 받았다.

이 기구들이 표적이다. 이 기구들이 여러 나라에 경제적·사회적 조치들을 강요해 사람들의 삶을 파괴하고 황폐하게 만들었기 때문이다.

IMF와 세계은행이 보통 사람들에게 가하는 폭력은 끔찍하

---

* 이 글은 Chris Harman, *The IMF, Globalisation and Resistance* (London, 2000)을 번역한 것이다.

다.

    제3세계 국가들에서는 하루에 1만 9천 명의 어린이들이 죽는다. 보건 의료비로 쓸 수 있는 돈을 외채 상환에 쓰기 때문이다. IMF와 세계은행은 구조조정 프로그램이 제대로 실행되는지를 감독하는데, 구조조정 프로그램이 어린이 1만 9천 명의 죽음에 책임이 있는 것은 마치 그들의 머리에 총을 겨누고 방아쇠를 당기는 것이나 마찬가지다.

    WTO도 죽음을 거래한다. WTO는 무해한 것처럼 들리는 "지적 재산권"의 규정들을 여러 나라에 강요한다. 이것이 의미하는 바는 여러 국가들이 독자적으로 의약품을 생산해 대중에게 가능한 한 싸게 판매할 수 없다는 것이다. 그 대신에 각국은 서방의 다국적 기업들로부터 "생산 허가"를 얻어야 하고, 대부분의 사람들이 결코 지불할 수 없는 높은 가격에 의약품을 판매해야 한다.

    그 때문에 아프리카, 아시아, 중남미에서 수백만의 사람들이 결핵, 말라리아, 콜레라 같은 치유할 수 있는 질병으로 죽어가고 있으며, 인체면역결핍바이러스(HIV) 감염자들은 생명을 연장시켜 줄 수 있는 약을 구하지 못하고 있다.

    이 글의 목적은 우리가 IMF, 세계은행, WTO에 반대하는 운동을 왜 건설해야 하는지, 수백만 명의 사람들을 이윤이라는 재단에 말 그대로 희생양으로 봉헌하는 자본주의 체제 전체에 왜 도전해야 하는지를 보여 주는 것이다.

문답풀이

IMF란 무엇인가?

IMF는 1944년에 세계은행과 함께 설립됐다. IMF의 목적은 가장 부유한 국가들, 그 중에서도 특히 미국의 이익을 위해 자유 시장을 촉진하고 세계 경제를 감독하는 것이다.

IMF의 각 회원국은 자국 국민의 필요가 아니라 그 경제 규모에 따라 투표권을 갖는다.

미국은 세계 인구의 겨우 5퍼센트만을 차지하지만 IMF에서는 투표권의 17퍼센트를 가지고 있다. 세계 최대의 선진국들인 G7은 45퍼센트의 투표권을 갖고 있어서 그들이 원하는 정책들을 강력하게 밀어붙일 수 있다.

세계은행은 무엇인가?

세계은행은 도로, 댐, 발전소와 같은 대규모 사회기반시설 프로젝트를 위한 대출을 해 준다. 1980년대 초 이래로 세계은행은 IMF와 함께 구조조정을 위한 대출을 해 주기도 했다.

IMF와 세계은행은 대출해 준 원금보다 더 많은 돈을 이자로 가져간다.

현재의 대출 대부분은 과거의 대출에 대한 이자를 갚는 데 쓰인다. 1980년에서 1992년 사이에 개발도상국들이 세계은행과 IMF에 상환한 이자는 총 7713억 달러(859조 3천억 원)였다. 게다가 이들은 8910억 달러(유엔 수치 : 992조 6천억 원)의 대출

원금을 상환했다.

이 기간에 가장 가난한 나라들은 1980년 당시의 외채보다 세 배나 많은 돈을 지불했다. 그런데도 이들 나라의 외채는 세 배나 많아졌다.

금융회사 모건 스탠리의 전무이사인 바톤 브릭스는 이렇게 말한다. "언짢아 시무룩해진 2억 명의 중남미 사람들이 향후 10년 동안 뜨거운 태양 아래에서 땀 흘려 일해야 시티코프 사는 배당금을 두 배로 올릴 수 있다."

WTO는 무엇인가?

세계무역기구(WTO)는 1995년에 설립됐다. WTO는 전 세계에 걸쳐 자유 시장 무역 규칙들을 강요한다.

WTO 산하의 가장 비밀스런 국제무역재판소는 이런 규칙들을 준수하지 않는 국가에게 제재를 가할 수 있다.

구조조정 프로그램이란 무엇인가?

가난한 나라가 구조조정 프로그램에 동의하지 않으면 IMF나 세계은행에서 돈을 빌릴 수 없다.

IMF나 세계은행은 가난한 나라의 경제를 다국적 기업들에게 개방하며, 공기업들을 사유화하고, 노동자들의 권리·임금·노동조건을 열악하게 만들며, 필수적인 공공지출을 대폭 삭감할 것을 강요한다.

이러한 정책들을 이행하지 못하면 IMF는 대출을 취소해 버린다.

이러한 정책들은 보건과 교육에서 고액의 수수료를 도입하고, 수많은 사람들을 일자리에서 쫓아내며, 국내 산업들을 파괴한다.

구조조정 프로그램은 제3세계의 많은 지역에서 기초 의료비를 대폭 삭감하고 유아사망률을 높인다.

사하라 사막 이남 아프리카와 중남미의 일부 지역, 아시아에서 공공 병원과 보건소는 병을 키우는 곳으로 변했다.

예를 들어 짐바브웨의 일인당 의료비 지출은 1990년에 IMF의 구조조정 프로그램이 도입된 뒤 3분의 1이 줄어들었다.

IMF가 의료비 삭감을 강요하는 바람에 에이즈(AIDS : 후천성면역결핍증)나 HIV 감염이 확산돼 아프리카의 대부분 지역이 황폐해졌다.

IMF 프로그램에 따르면 수업료를 부담해야만 학교에 다닐 수 있기 때문에 많은 채무국에서 소수의 사람들만 교육을 받을 수 있게 됐다.

거의 모든 아프리카 국가에서 IMF 구조조정 프로그램이 강요된 뒤로 실질임금은 50~60퍼센트 하락했다.

구조조정 프로그램이 얼마나 인기가 없었던지 IMF는 이 명칭을 빈곤 감축과 성장 촉진 정책으로 바꿨다.

IMF의 정책은 경제 성장을 도와주는가?

IMF 구조조정 프로그램을 시행한 76개 나라에 대한 연구조사에 의하면 단지 4개국에서 경제 실적들이 꾸준히 개선됐다.

1980년대 내내 중남미에서는 빌린 돈에 대한 이자로 수출 소득의 3분의 1이 사라졌다. 그럼에도 많은 나라들은 1980년대 초보다 오히려 1980년대 말에 빚이 더 많아졌다.

중남미 인구의 20퍼센트인 4천만 명은 지금 빈곤선 이하에서 살고 있다.

약속한 외채 탕감은 이루어졌는가?

1999년 6월에 열린 세계 선진국들의 G8 회담 직후 전 세계 모든 언론들은 외채 탕감을 약속했다고 보도했다.

G8 국가들은 실제로 외채 탕감을 약속했다. G8 국가들은 '주빌리 2000' 같은 조직이 대규모로 전개한 외채 탕감 운동에 압력을 받아 양보하지 않을 수 없었다.

외채 탕감에 앞장선 것으로 알려진 영국 재무장관 고든 브라운은 영웅 대접을 받았다. 주빌리 2000조차 G8 국가들의 약속을 환영했다.

그러나 외채 탕감은 극소수 국가에만 해당될 뿐이다. 그들은 외채를 탕감받기 위해서 IMF와 세계은행이 제시하는 조건을 준수한다는 데 합의해야 했다.

이것만해도 충분히 가혹한 조건이었다. 그러나 12개월 뒤에 어느 나라도 단 한 푼의 외채도 탕감받지 못했다.

'우간다 외채네트워크'의 지에 아를리오는 이렇게 말했다.

"외채 탕감 제안은 21세기의 스캔들 가운데 하나가 됐다. 외채 탕감은 속임수다."

신자유주의가 낳은 재앙

IMF와 세계은행이 강요하는 경제 정책들은 흔히 "신자유주의"라고 불리는 학설에 바탕을 두고 있다. 이것은 1970년대에는 "통화주의", 1980년대에는 "쌔처리즘"과 "레이거노믹스"라고 불렀던 것의 후속편이다.

이 학설의 중심 사상은 국가가 경제 문제들에 대한 개입에서 손을 떼야 한다는 것이다.

신자유주의자들은 식량, 연료, 주택에 대한 정부 보조금을 중단하고, 국유 산업들을 사유화해야 하며, 소득세와 법인세를 인하해야 한다고 주장한다.

경제적으로 취약한 국가들은 경제 강국들로부터의 수입에 대한 모든 통제를 중단해야 한다. 다국적 기업들이 수도, 보건, 교육 같은 서비스를 공급할 수 있도록 장려해줘야 한다.

이러한 일들이 벌어진다면 가장 가난한 나라조차 외국 투자를 끌어들여서 경제성장을 이룰 수 있을 것이라고 신자유주의자들은 주장한다.

그러면 새로운 수출 산업들이 성장하고, 더 많은 일자리가 생겨날 것이며, 모든 사람들이 더 부유해지면서 외채를 갚을 수 있게 될 것이라고 신자유주의자들은 말한다.

신자유주의자들은 이런 정책들이 처음에는 부자를 더욱 부자로 만들 것이라는 사실은 시인한다. 그러나 이것은 대가를 치를 만한 가치가 있는 것이라고 그들은 말한다. 마침내 새로운 일자리가 생겨 부가 "흘러 넘치게" 될 것이기 때문이다.

> **은행가들 때문에 굶주리다**
>
> 자선단체인 옥스퍼드 기근구조위원회(Oxfam)에 따르면 전 세계에서 1천만 명의 사람들이 심각한 식량 부족에 직면해 있다. 가장 큰 위기를 맞고 있는 지역은 에티오피아와 에리트리아가 있는 아프리카 대륙 북동부다.
> 이 지역에 대한 1999년 연구는 다음의 사실을 보여 줬다.
>
> - 인구의 절반이 하루에 66페니보다 적은 돈으로 살고 있다.
> - 인구의 3분의 2가 문맹이다.
> - 인구의 거의 7할이 영양실조에 걸려 있다.
> - 5세 이하 어린이 절반이 체중 미달이며, 해마다 거의 50만 명이 죽는다.
>
> 에티오피아는 100억 파운드의 외채에 대한 이자로 은행가들에게 매주 120만 파운드를 주고 있다.

신자유주의자들은 다른 대안이 없다고 말한다. 우리는 "세계화된" 경제에서 살고 있으며, 만약 어떤 나라가 "기업의 부담"을 줄이지 않는다면 기업들은 다른 곳에 투자할 것이며, 그래서 가난한 나라는 더욱 가난해질 것이다.

[그러나] 신자유주의는 부가 "흘러 넘치게" 해 주지 않는다.

경제학자 레만 소한은 IMF/세계은행의 구조조정 프로그램을 시행한 76개 국가들을 분석했다. 그는 단지 한줌의 국가들만이 10년 전에 비해 성장이나 인플레율 면에서 더 나아졌음을 보여 주었다.

"구조조정"은 한 가지 일은 확실히 했다. 구조조정은 부자를 더 부자로 만들었으며 은행가들을 더욱 살찌웠다. 그러나 대부분의 사람들의 처지는 더 열악해졌다.

IMF의 유럽 이사인 플레밍 라슨조차 2000년 6월 수전 조지와의 논쟁에서 이 점을 시인했다.

"많은 가난한 나라들이 지난 20년 동안에 사실상 퇴보했다. 부자와 가난한 사람 사이의 격차가 계속 커질까 봐 걱정된다."

신자유주의의 기록

미국 경제는 모든 국가들이 따라야 할 본보기로 여겨진다. 그러나 신자유주의는 사태를 호전시키지 못했다.

최근 몇 년 동안의 "경제 회복"은 성장을 가져왔지만 성장률은 30년 전에 비해 낮은 편이다.

그리고 성장의 혜택들은 과거보다 훨씬 더 불공평하게 분배됐다. 1940년대에서 1970년대까지 미국 가정의 소득은 두 배로 늘어났다.

신자유주의 정책들이 시작됐던 1970년대 중반 이래로 미국 가정의 60퍼센트가 실질임금이 증대하지 않았다. 연평균 노동시간이 160시간(꼬박 한 달이다) 늘었는데도 그렇다!

지금 미국인 8명 중 한 명이 빈곤선 이하에서 살고 있으며, 거의 4500만 명이 의료보험을 받지 못하고 있다. 최저임금은 1968년보다 약 22퍼센트 더 낮다.

> ### 아이티
>
> IMF와 세계은행은
>
> - 아이티 정부가 최저임금을 인상하려는 것을 가로막았고,
> - 필수 서비스를 위한 기금을 출연하는 수익성 있는 공기업들을 사유화하도록 요구했으며,
> - 아이티 정부가 서비스 지출을 절반으로 삭감해야 한다고 주장했다.
>
> 아이티의 문맹률은 45퍼센트며, 유아 사망률이 거의 10퍼센트에 이르고, 평균 수명은 남자가 49세, 여자가 53세밖에 되지 않는다.

1980년에 대기업의 최고 경영주들은 공장 노동자 평균 임금의 거의 42배를 받았다. <비즈니스 위크>에 따르면 1990년에

이들은 85배나 더 많이 받았으며, 1998년에는 419배나 더 받았다.

영국에서도 이런 상황은 비슷하지만 미국만큼 극단적이지는 않다. 지금 영국의 노동시간은 서유럽에서 가장 높다. 어린이의 3분의 1이 빈곤선 아래에서 발버둥치는 가정에서 자라고 있다.

동유럽의 실패한 실험

IMF의 지도자들은 1989~91년 동유럽의 옛 정권들이 몰락함에 따라 세계 경제의 많은 지역에서 자신들의 의지를 관철시킬 최대의 기회를 맞이했다.

이 국가들에서 등장한 민주적 반대파들은 정체된 생활수준과 비참한 상황에서 벗어날 수 있는 길을 필사적으로 찾았다.

한편 많은 옛 정치가들이나 기업 사장들은 자신들의 특권을 지키려면 새로운 정책들을 채택할 필요가 있다고 느꼈다.

그들은 모두 IMF/세계은행 대표들과 신자유주의 경제학자들을 자신들을 구하러 온 메시아로 여겼다.

IMF식 "충격 요법" 개혁이 동유럽, 러시아, 대부분의 옛 소련 공화국에서 도입됐다.

서방의 언론들은 "경제 기적"을 보게 될 것이라며 열광했다. 그러나 정반대의 일이 벌어졌다.

모든 곳에서 산출량이 하락했다. 신자유주의 실험을 수행했던 가장 거대한 나라인 러시아에서 산출량은 절반으로 줄어들었다.

이와 똑같은 일이 우크라이나, 불가리아, 루마니아, 알바니아, 그루지야, 아르메니아, 아제르바이잔에서 벌어졌다.

공업만이 끔찍한 상황을 맞이했던 것은 아니었다. 농업도 마찬가지였다. 식량 산출량은 러시아에서는 20퍼센트, 우크라이나에서는 24퍼센트 감소했다.

1993년에 대부분의 도시 가정이 겨울에 먹고 살 수 있는 유일한 길은 할당받은 과일과 채소를 병에 담아두는 것이었다.

빈곤선에서 살고 있는 러시아인이 6천만 명으로 증가했다.

결핵이나 심지어 콜레라 같은 질병들이 흔하게 등장했다. 남성의 평균 수명은 65.5세에서 57세로 떨어졌다.

이런 엄청난 재앙은 전쟁이나 중대한 자연재해 상황말고는 볼 수 없었던 일이다.

그러나 IMF나 세계은행은 자신들의 처방이 완전히 잘못됐음을 인정하려 하지 않았다. 그러기는커녕 같은 처방들을 더욱 많이 적용하라고 주장하고 있다.

IMF와 세계은행은 이미 많은 피를 흘린 환자를 치유한답시고 죽을 때까지 더 많은 출혈을 요구하는 중세의 돌팔이 의사와 같다.

혹사 공장의 지옥

IMF와 세계은행이 강요한 정책들은 반드시 끔찍한 노동조건을 야기한다.

IMF와 세계은행의 통제 하에 들어간 국가들은 외채의 이자를 갚기 위해서는 되도록 빨리 수출을 확대해야 한다는 말을 듣는다.

이 국가들은 "마킬라도라", 즉 자유무역지대를 조성해 다국적 기업들이 전 세계에 판매할 제품들을 조립할 수 있게 보장하라고 재촉받는다.

인도네시아, 타이, 엘살바도르 같은 나라의 공장들이 전형적인데, 이 공장들은 나이키·갭·아디다스의 의류나 신발을 만들기 위해 젊은 여성들을 고용해 하루에 12시간 또는 14시간씩 일을 시킨다.

미국 다국적 기업들을 위해 부품을 만드는 멕시코 국경 지대의 공장들도 전형적이다.

각국 정부는 이런 기업들을 유치하기 위해서는 "규제"를 최소한으로 줄여야 한다는 말을 듣는다.

이것은 장시간 노동에 대한 통제도 없으며, 아동 노동에 대한 효과적인 제약도 없고, 경찰은 노동조합을 막는 데 이용되며, 화재에 관한 규정들도 거의 효력이 없음을 의미한다.

불이 나면 끔찍한 인명 피해가 발생하는데도 여성들은 자신이 일하는 건물에서 잠을 자는 것이 다반사다.

그리고 규제를 받지 않은 공장에서 뿜어져 나오는 연기와 가스 때문에 선진국보다 더 심각한 대기오염이 발생할 수도 있다.

환경의 악몽

제3세계에서 IMF의 농업정책이 가져온 결과는 사람과 환경 모두에게 재앙적이다. 수출 촉진 정책 때문에 제3세계 농민들은 거대한 식료품 회사들의 필요를 충족시키기 위해 가능한 한 빠르고 값싸게 수확할 수 있는 단일 작물을 경작하지 않으면 안 됐다.

그런 "단일 작물 재배" 때문에 해충과 식물성 바이러스가 널리 퍼져 수확을 망칠 가능성이 한층 높아졌다.

단일 작물 재배는 또한 값싼 유기 비료를 사용할 가능성을 줄이기도 한다. 그러나 그것은 비료, 살충제, 종자를 가능한 한 많이 판매하고자 하는 몬산토 같은 거대 농화학 다국적 기업의 열망과 딱 들어맞는다.

그것은 또한 각국 정부와 농부들로 하여금 유전자 조작 곡물에 더 의존하도록 만들고 있다.

그러나 될 대로 되라는 식의 유전자 조작 기술은 십중팔구 위험한 부작용을 낳을 것이다. 다른 곡물에 해를 끼친다거나 해충을 잡아먹는 천적을 싹쓸이하는 것이 그 사례다.

이와 똑같은 단일 작물 재배 방식은 수산업에도 적용되고 있다.

에콰도르, 인도, 동남 아시아 같은 지역의 수출 팽창은 모든 해변가에다 참새우 어장을 만드는 것을 의미했다. 물론 그 과정에서 어패류의 자연 서식지가 파괴되고 많은 지역민의 생계 수단까지 파괴됐지만 말이다.

> **에콰도르**
>
> 2000년에 에콰도르 정부 예산의 절반 이상이 외채 상환에 쓰였다.
>
> 1999년에는 에콰도르 국민 1인당 매주 거의 3달러씩 외채를 상환했다. 그러나 국민 가운데 거의 절반은 주당 2달러 미만의 생계비로 살아간다.
>
> 2000년 8월 에콰도르 네프론 병원의 에이즈(AIDS) 환자 가족들이 굶어 죽기 시작했다. 이들은 국가가 치료비를 지급하지 않은 것에 항의하고 있었다.
>
> 6년 전 혈액 수혈로 에이즈에 감염된 13살의 카를리토는 "에이즈가 우리를 갉아먹도록 기다리는 것보다 굶어 죽는 편이 더 낫다."고 말했다.
>
> 에콰도르 보건부가 운영하는 병원과 보건소의 40퍼센트에서 약이 동났다.

소규모 어부들은 점점 사라지고 다국적 기업들을 위해 고기를 퍼올리는 대규모 선단이 그들을 대체하고 있다.

그러나 단일 작물 재배에 의존하는 제3세계 국가의 민중은 수출 소득이라는 측면에서조차 어떤 이익도 얻지 못했다.

IMF와 세계은행은 모든 제3세계 나라들이 똑같은 길을 따르도록 압력을 넣고 있다. 많은 나라에서 똑같은 제품을 갈수록 많이 생산함에 따라 그들이 받을 수 있는 가격이 떨어지고 있다.

그래서 아프리카에서 10년 이상 계속된 단일 작물 재배는 곡물 수출 소득을 늘리기보다는 오히려 줄어들게 만들었다. 역설적이게도 사람들은 뒤쳐지기 위해 더욱 빨리 뛰는 셈이다.

수출 산업 증진 정책은 또한 대기 중의 온실 가스 농도를 높이기도 한다. 물론 이런 온실 가스를 배출하는 가장 큰 원천은 미국, 유럽, 일본을 본거지로 하는 다국적 기업들의 기업 활동이다.

세상에 공짜는 없다 — 무기와 '원조'

선진국의 지도자들은 저개발 국가에게 제공하는 "원조"에 대해 갖은 생색을 다 늘어놓는다. 그들이 말하지 않는 것은 이 원조가 공짜가 아니라는 점이다.

IMF와 세계은행은 공공부문의 적자 규모 감축과 사유화가 포함된 조건들을 정해 놓는다.

원조를 제공하는 정부들은 또한 "조건부 원조"를 고집한다. 빈국이 원조의 대가로 재화나 서비스를 구매하겠다고 약속할 때에만 돈을 빌려준다.

이런 사례 가운데서 가장 악명 높았던 것은 영국의 쌔처 정부가 2억 3400만 파운드(4040억 원)의 "원조"를 제공했던 말레이시아의 페르가우 댐이다. 이 원조는 결국 영국의 두 다국적 기업들 — 밸푸어 비티와 세멘테이션(쌔처의 아들을 "고문"으로 고용했다) — 의 수중으로 들어갔다.

또 다른 사례는 터키의 일리수 댐 계획이다.

이 댐은 중요한 고고학 유적지 위에 세울 예정이고, 그 댐 때문에 2만 5천 명의 쿠르드인들이 고향에서 쫓겨나고, 인근의 시리아와 이라크는 급수 문제를 겪게 될 것이다.

지금까지 이 댐 계획은 영국 신노동당 정부의 전폭적인 지원을 받고 있다.

또한 "원조" 제공은 제3세계 나라들에 대한 무기 수출과 연결돼 있다. 영국 정부가 페르가우 댐을 위해 제공한 "원조"는 말레이시아 정부가 영국 기업들로부터 10억 파운드(1조 7300억 원)어치의 무기를 구매한다는 비밀 협정과 연계돼 있었다.

유엔개발계획(UNDP)의 보고서에 따르면 무기 구입에 많은 돈을 쓰는 나라가 그렇지 않은 나라에 비해 1인당 원조를 두 배 반이나 더 받는다.

1990년대에 특히 미국은 무기 수출을 장려함으로써 방위산업체의 이윤을 올려주려고 애썼다. 제3세계의 무기 구매에서 미국이 차지하는 비율은 1991년의 49퍼센트에서 1993년에는 75퍼센트로 높아졌다.

보수당이나 신노동당 가릴 것 없이 영국 정부는 인도네시아 독재자 수하르토에게 무기와 고문 기구들을 판매했고 수하르토는 이런 장비를 동티모르 민중에게 사용했다.

한 마디로 미친 짓이다. 무기 구매 비용 때문에 관련 당사국 정부의 외채가 더 늘어났다.

이 덕분에 IMF와 세계은행은 더 많은 구조조정 프로그램을 강요할 명분을 얻는다.

그 결과는 각국을 전쟁으로 몰아넣는 것이다. 그래서 더 많은 무기를 구입하게 만든다.

결국 앙골라, 소말리아, 콩고 민주공화국, 라이베리아, 시에라리온 같은 나라들은 갈가리 찢어졌다.

누가 지배하고 있는가?

세계은행과 IMF의 배후에는 부자와 세력가들이 있다.

<포브스>는 2000년 여름에 세계적인 억만장자 명단을 발표했다. 그에 따르면,

- 지난해에 억만장자 17명이 새로 늘어났다. 그래서 지금 억만장자의 전체 숫자는 482명이다.
- 상위 200대 억만장자는 1조 1천억 달러의 재산을 갖고 있다. 상위 3대 억만장자는 48개 최빈국의 부와 맞먹는 재산을 갖고 있다.

이 개인들의 부는 거대 다국적 기업들의 주식에 달려 있다. 대략 1만 5천 명의 부자들이 경영하는 약 200개 다국적 기업의 총매출액은 전 세계 산출량의 4분의 1이상과 맞먹는다.

개별 다국적 기업들은 많은 개별 국가보다 더 크다. 대략 40명이 경영하는 상위 5대 다국적 기업의 산출량은 중동과 아프리카의 산출량을 합한 것보다 더 크고 남아시아 전체 산출량의 두 배다.

이 소수의 개인들이 무엇을 생산할지, 누가 일자리를 얻을지, 돈이 어디로 이동할지, 누가 빈곤 속에 살지에 관한 전 세계적인 결정을 한다.

이 다국적 기업들 중에서 약 168개가 단지 다섯 개의 선진국 — 미국, 일본, 프랑스, 독일, 영국 — 에 본사를 두고 있다. 나머지 다국적 기업 대부분은 이탈리아, 스웨덴, 스위스, 네덜란드, 벨기에 같은 나라들에 있다.

이 나라들이 IMF, 세계은행, WTO를 지배한다. 다국적 기업들은 이 기구들에서 자국의 행동에 결정적인 영향력을 행사하기 위해 엄청난 노력을 쏟아붓는다.

최근에 다국적 기업들은 '유럽 산업인 원탁 회의'(유럽의 기업체 중역들로 이루어져 있다), '대서양 연안 기업인 대화'(대서양 양편의 기업 수뇌들), 전 세계적으로 수자원의 사유화를 추진하는 '세계 수자원 협의회' 같은 기구들을 구성했다.

이들 기구에 참석하는 어느 누구도 선출되지 않았으며, 그들이 영향을 미치는 보통 사람들의 삶에 책임을 지지 않는다.

대서양 연안 기업인 대화는 WTO에 안건을 상정할 때 커다란 역할을 한다. 유럽 산업인 원탁 회의는 선출되지 않은 유럽위원회와 친밀한 관계다.

IMF, 세계은행, WTO가 전 세계에 제시하는 안건은 다국적 기업들의 안건이기도 하다. 이 안건들은 200대 억만장자와 억만장자가 되고자 하는 수천 명의 백만장자들의 안건과 전혀 구별되지 않는다.

이 기구들이 "구조조정 계획"에 대해 말할 때 이들은 다국적 기업들과 그 억만장자 소유주들의 이해관계를 조정하는 측면에서 말하고 있는 것이다.

이 기구들이 "자유 무역"에 대해 말할 때 이들은 다국적 기업들이 제멋대로 각국을 드나드는 자유에 대해 말하는 것이다.

이 기구들은 다국적 기업의 일부나 상류 지배계급이 되고자 하는 동맹자들을 아프리카, 아시아, 라틴 아메리카에서 쉽게 발견하고 있다.

국제적인 활동가인 수전 조지가 말했듯이, "그들의 관심사는 점점 더 세계화된 엘리트에 속하는 것이고 뉴욕, 파리, 런던에 있는 지배자들이 노는 물에서 함께 노는 것이다."

IMF 뒤에 보이지 않는 주먹

신자유주의 옹호자들은 신자유주의 정책들이 평화를 장려한다고 떠벌린다. 신자유주의 옹호자들은 심지어 "맥도널드가 있는 두 나라가 서로 전쟁이 붙은 적은 없었다."고 으스대기까지 한다.

그러나 IMF, 세계은행, WTO를 지배하고 있는 바로 그 나라들이 또한 세계에서 무장을 가장 많이 하고 있다.

미국의 군사력은 다른 어떤 나라보다 훨씬 더 크다. 1995년도 미국의 군사비 2700억 달러는 아프리카의 외채 2000억 달러보다 더 많다.

나토에서 미국의 주요 동맹국 — 영국, 독일, 프랑스, 이탈리아 — 의 군사력은 미국보다는 작다. 하지만 이들 국가는 러시아와 중국을 제외하면 전 세계의 다른 모든 나라들을 여전히 압도한다.

지난 10년 동안에 이들의 군사력은 두 번이나 전쟁을 치렀다. 1991년에 그들은 이라크와 전쟁을 벌였다. 1999년에 이들은 옛 유고에 대한 공습을 감행했다.

이런 전쟁을 일으킨 지도자들은 자신들이 무자비한 살인마 독재자에 맞서 인권을 지키려 한 것이라고 주장했다.

그러나 이들은 전 세계의 많은 억압 정권들과 계속 거래하고 있다.

1980년대에 IMF는 미국의 동맹자라는 이유로 당시 콩고-자이르의 독재자였던 모부투에게 거액의 차관을 대줬다. 그러나 적어도 1982년부터는 이러한 차관이 곧장 모부투의 호주머니로 들어간다는 사실을 알고 있었다.

이 나라 민중은 여전히 어떻게 해서든 이 차관을 갚아야 할 것 같다.

브라질은 1980년대까지 일련의 군사 독재자들이 계속 지배해 왔다. 군사 독재자들은 엄청난 외채를 쌓아 올렸다. 1980년대와 1990년대 내내 이러한 외채의 "이자를 지불하기" 위해 복지 서비스가 삭감되고 생활수준이 하락했다.

3년 전 인도네시아에 경제위기가 닥쳤을 때 IMF의 "구제" 금융은 독재자 수하르토 치하에서 생긴 외채를 갚는 데 최우선적으로 쓰였다.

경제 위기 때문에 인도네시아 인구의 절반이 빈곤선 이하로 내몰렸지만, IMF의 조건이 조금이라도 완화되지는 않았다.

1990년 여름까지만 해도 서방 지도자들은 이라크의 사담 후세인을 지원했다. 1990년대 중반 내내 서방의 지도자들은 유고슬라비아의 밀로셰비치를 거래할 수 있는 인물로 여겼다.

미 국무성과 친밀한 저널리스트인 토머스 프리드먼은 미국이 군사적 행동을 취하는 더 광범한 이유를 다음과 같이 명확하게 밝혔다.

"시장의 보이지 않는 손은 보이지 않는 주먹이 없으면 결코 작동하지 않을 것이다."

"맥도널드는 [무기 제조업체인] 맥도널 더글러스가 없다면 번창할 수 없다. 실리콘 밸리의 기술이 날로 발전하도록 세계를 안전하게 지키는 보이지 않는 주먹은 미국의 육군, 공군, 해군, 해병대라 불린다."

미국 정부가 IMF와 세계은행을 지배하는 세력이듯이, 그 방위 부대인 미 국방성이 NATO 내에서 지배 세력이다.

두 개의 미국 정부가 존재하는 것이 아니다. 은행과 다국적 기업들을 위해 세계를 강탈하는 미국 정부가 하나 있고 인권을 염려하는 또 다른 미국 정부가 존재하는 것이 아니라 하나의 미국 정부, 즉 미국 기업들을 위해 세계의 안전을 유지하려는 유일한 목적을 이루기 위해 여러 국제 기구들을 이용하는 하나의 정부만 있을 뿐이다.

이로 인해 때로는 다른 선진국들과 충돌을 빚기도 한다. 예를 들어 미국과 유럽 정부들 사이에서 누가 세계 바나나 무역을 지배할 것인가를 두고 소동(소위 "바나나 전쟁")이 벌어졌다.

예를 들어 아프리카에서도 미국이 후원하는 세력과 프랑스가 후원하는 세력 사이에 충돌이 벌어졌다.

그러나 선진국들은 전 세계를 개방해 자국 다국적 기업들의 착취 대상으로 만드는 신자유주의 프로그램을 추진하는 데는 일치돼 있다.

그 결과는 평화가 아니라 계속 이어지는 전쟁이다.

1990년대에는 옛 소련, 아프가니스탄, 아프리카의 일부 지역에서 내전이라는 전염병이 있었을 뿐 아니라 (맥도널드가 있는) 나라들 — 크로아티아와 세르비아, 인도와 파키스탄, 에콰도르와 페루, 나토 열강과 세르비아 — 사이에서도 수많은 전쟁이나 준전시 상황이 있었다.

우리는 무엇을 할 수 있을까?

IMF, 세계은행에 항의하는 사람들은 자신들이 투쟁하고 있는 대상을 "세계화", "신자유주의", "기업의 지배", "초국적 자본의 권력"이라고 부르고 있다.

하지만 이러한 표현들은 역사적으로 자본주의라고 불러 왔었던 것의 가장 최근 국면을 가리키는 다른 말일 뿐이다.

자본주의는 대다수 사람들이 살아가는 데 꼭 필요한 생산수단들을 소유하고 있는 극소수의 엄청난 부자들이 사회를 지배하는 체제다.

전 세계에 걸쳐 지배계급은 우리의 삶에서 모든 측면들을 다 지배하려고 한다. 이들의 "신"은 이윤이다. 우리가 의존하고 있는 환경에서부터 우리의 신체에 이르기까지 모든 것이 사고 파는 상품으로 바뀌고 있다.

자본주의는 착취에 기초한 사회다. 자본주의 사회에서 대다수 사람들은 생존을 위해 노동력을 판매해야 한다.

처음에 자본주의는 서유럽의 일부 지역에서만 존재했다. 이제 자본주의는 세계적 체제로, 그 촉수가 동방과 서방, 남반구와 북반구 가릴 것 없이 도시의 노동자들과 농촌의 빈민들 모두의 삶에까지 뻗쳐 있다.

세계화나 신자유주의라고 불리는 것은 지배계급이 세계의 모든 곳에 자신의 의지를 강요하려는 시도이며, 그래서 이윤 추구의 광란에 내몰리지 않은 채 고립된 영토나 지역이 없다. 지배계급은 전 세계를 팔아먹고 싶어한다.

그러나 지배계급이 항상 마음대로 할 수 있는 것은 아니다. 지배계급의 거대한 약탈은 저항을 초래한다.

지난해의 거대한 반자본주의 항의 시위들은 사람들이 IMF, 세계은행, WTO, 신자유주의 경제학자들의 처방들을 더 이상 참지 않을 것임을 보여 주었다.

시애틀, 런던, 워싱턴, 프랑스의 미요, 그밖에 세계 여러 곳에서 벌어진 항의 시위들은 수백만 대중의 초점이 됐다. 이런 항의 시위들 덕분에 사람들은 외채, 환경 파괴, 서비스의 사유화, 일자리 축소, 유연 노동의 강요와 같은 쟁점들 사이의 연관성을 볼 수 있었다.

워터월드(Waterworld)

볼리비아에서 벌어진 항의 시위는 물 공급을 다국적 기업 벡텔로 사유화하려던 계획을 중단시켰다.

볼리비아의 항의 시위 조직자인 오스카 올리베라는 이렇게 말했다. "우리에게 남아 있는 것이라고는 공기와 물뿐이다. 세계은행과 우리 정부에 맞서 싸우기는 힘들었다. 그렇지만 우리는 두려움을 몰랐으며, 우리 가난한 사람들은, 다윗이 골리앗에게 했듯이, 이 거인 벡텔과 맞서 싸웠다."

때로는 공영주택의 사유화, 지역 학교 교사 한두 명의 감축, 작업중 휴식 시간을 빼앗으려는 시도, 학생들의 등록금 인상에 사람들이 반대할 때처럼 저항이 소규모로 벌어진다.

그러나 때로는 저항이 전국으로 확산돼 정부를 뒤흔들기도 한다.

1995년 프랑스에서 이런 일이 벌어졌다. 이 때 공공부문 노동자들이 거대한 시위와 파업을 벌여 쥐페의 신자유주의 정부를 무너뜨리고 몇 달 뒤에 치른 선거에서 쥐페를 패배시킨 것이다.

2000년 에콰도르에서도 그런 일이 일어났다. 에콰도르에서는 원주민과 노동자들이 거의 봉기에 가까운 저항을 해서 대통령을 몰아냈다. 과테말라에서도 저항이 일어났는데, 버스 요금 인상에 반대하는 항의 시위가 수도에서 폭동으로 이어져 정부가 후퇴할 수밖에 없었다.

나이지리아와 아르헨티나에서도 저항이 일어났는데, 이 나라들에서는 총파업이 벌어졌다.

우리가 IMF, 세계은행, WTO와 그 기구 뒤에 앉아 있는 다국적 기업들에 맞서 정말 싸우고자 한다면 시위에서 더 나아가 모든 다양한 투쟁들을 연결시키는 운동을 건설해야 한다.

그렇게 되면 전투는 거리에서뿐 아니라 지역 사회에서, 그리고 체제를 유지시켜 주는 부를 창출하기 위해 일하는 바로 그 작업장에서도 벌어질 수 있다.

자본주의 체제의 역사 전체에 걸쳐서 혁명적 사회주의자들이 이루려 했던 것은 이러한 투쟁들의 연결고리다.

자본주의 체제가 확립된 이래로 사람들은 떨쳐 일어나 이윤의 지배에 도전해 왔고, 사회주의자들은 이들을 조직하기 위해 노력해 왔다.

 최근에 세계화된 자본주의 체제에서 그 어느 때보다 절실하게 필요한 것은 이 투쟁들이 전 세계로 확산되는 것이다.

 이 체제의 비인간성에 반대하는 거대한 항의 시위에서 우리와 함께 하자. 그리고 그 뒤에 벌어지는 일상적인 투쟁도 우리와 함께 하자.

*2*장
반자본주의 — 이론과 실천

크리스 하먼

반자본주의 — 이론과 실천*

19 99년에 매스 미디어는 "반자본주의"라는 신조어를 발견했다. 이 단어는 6월 18일 런던 금융가의 금융 기관들에 반대하는 항의 시위를 보도한 영국 신문들의 헤드라인에 처음 등장했다. 이 단어는 11월 30일 시애틀에서 벌어진 세계무역기구(WTO)에 반대하는 항의 시위를 계기로 전 세계로 퍼졌다. 괴로운 일이었지만 매스 미디어는 분명하게 현실로 존재하는 것을 발견했다. 베를린 장벽이 무너지고 옛 소련이 붕괴하면서 시장 자본주의가 최후의 승리를 거둔 것처럼 보였지만, 그 뒤 10년이 지난 지금 갈수록 많은 사람들이 그들의 체제를 거부하고 있다.

시애틀·파리·런던·워싱턴과 전 세계의 다른 여러 도시들에서 시위를 벌였던 수많은 사람들이 이런 반자본주의 정서

---

* 이 글은 Chris Harman, "Anti-capitalism : theory and practice", *ISJ*, NO. 88 (2000년 9월), pp. 3~59를 번역한 것이다.

의 가장 가시적인 표현이었다. 그러나 이런 반자본주의 정서는 훨씬 더 광범하게 발견할 수 있었다. 프랑스의 '금융 거래 과세 시민 연합'(ATTAC) 창립자들을 지지하는 수만 명의 사람들과 프랑스의 유럽의회 선거에서 트로츠키주의자 후보들에게 표를 던졌던 1백만 명 가까운 사람들에서도 이런 반자본주의 정서를 발견할 수 있었다. 또, 런던 시장 선거에서 켄 리빙스턴을 지지했던 사람들 중 많은 사람들과 특히 런던 시의회 선거에서 노동당보다 왼쪽에 있는 좌파에게 표를 던졌던 15퍼센트의 사람들에서, 폴란드인의 58퍼센트, 옛 동독인의 63퍼센트, 이탈리아인의 51퍼센트가 '자본주의'라는 말을 들으면 불쾌한 연상을 한다는 사실을 보여 준 여론 조사에서, 멕시코 학생들의 장기 수업 거부에서, 라틴 아메리카의 여러 지역에서 불타올랐던 일련의 파업과 항의 행동에서 이런 반자본주의 정서를 발견할 수 있었다. 항의 행위자들의 반자본주의 정서는 체제에 대한 불만이라는 매우 커다랗지만 반쯤 물에 잠겨 있는 빙산의 일각이다.

언론이 심혈을 기울여 헐뜯으려고 애쓰는 것도 바로 이러한 빙산의 일각이다. 그러나 언론이 그런 노력을 기울이자, 1960년대 말 베트남 전쟁 반대 시위와 학생들의 항의 운동에서 그랬던 것처럼 더 많은 사람들의 불만이 분명하게 표출될 수 있는 초점이 형성됐다.

새로운 반자본주의에 관한 설명은 어떤 설명이 됐든 반드시 시애틀 시위에서 출발하지 않으면 안 된다. 여기서 시애틀 시위를 자세히 설명하지는 않겠다. 시애틀 시위는 다른 몇몇 글들에서 이미 잘 설명됐다.[1] 시애틀은 서로 다른 집단에 속하는 사람들이 함께 결집한 결과였다고 말하는 것으로 충분하다. 사람들은 저마다 세계무역기구(WTO) 같은 회의들이 그들이 생각하기에 가치 있는 일들을 위협한다는 점을 깨닫기 시작했다. 멕시코의 급진적 일간지인 <라 호르나다>의 기자인 루이스 에르난데스 나바로는 시애틀 시위에 참가한 사람들을 이렇게 묘사했다 — "생태주의자들, 제1세계의 농민들, 노조원들, 동성애 권리 활동가들, 개발을 지지하는 NGO들, 페미니스트들, 펑크족, 인권 운동가들, 원주민 대표들, 젊은이들과 그리 젊지 않은 사람들, 각각 미국·캐나다·유럽·라틴 아메리카·아시아에서 온 사람들."[2] 그들을 단결시킨 것은 "자유무역이라는 의제에 올라 있는 '모든 권력을 초국적 기업들에게!'라는 구호"에 대한 거부였다고 그는 말한다.

항의 행동에는 자생성의 요소들이 많았다. 많은 사람들은 단순히 시위가 있다는 얘기만 듣고 참가하기로 결심했다. 그러나 단순한 자생성 이상의 것이 관련돼 있었다. 많은 항의 행위자들은 여러 달 동안 시위를 준비했던 지역 단체들의 회원으로서 시애틀에 왔다. 그리고 항의 운동이 초점이 될 수 있었던 것은 서로 다른 운동을 조직해 온 핵심 활동가들이 WTO를 공동의 적으로 여기고 서로 협력한 결과였다. 여러 그룹들은 항의 운동을 조직하기 위해 여러 달 동안 인터넷을 통해 서로 접촉하면서 강도 높은 노력을 기울였다. 그러나 이 과정 이면에는 더 장기간에 걸친 선전 활동이 있었다. 아나키스트로 알려져 있는 노엄 촘스키는 매우 옳게도 이러한 조직이라는 요소를 강조한다. "WTO에 반대한 매우 성공적인 시위는, 장기간 계획됐고 헌신적이고 꾸준하게 수행된 교육과 조직이 효과적이었다는 점을 인상적으로 증명한다."[3] 폴 호큰은 많은 항의 행위자들을 움직인 "사상적 지도자들"을 언급한다.

> 말레이시아 '제3세계 네트워크'의 마틴 코어, 인도 출신 반다나 시바, '남반구의 초점'의 월든 벨로, '캐나다 위원회'의 모드 발로, '폴라리스 연구소'의 토니 클라크, '세계화에 관한 국제 포럼'(IFG)의 제리 맨더, '초국적 연구소'의 수전 조지, '민중 중심 개발 포럼'의 데이븐 코튼, '정책 연구소'의 존 캐버나, '공민'의 로리 월러시, '농업과 무역 정책 연구소'의 마크 리치, '식량과 개발 정책 연구소'의 아누라다 미탈, '국제 생태 문화 협회'의 헬레나 노르베리-호지, '오고니족 생존 운동'의 오웬스 위와, 제네바 '제3세계 네트워크'의 차크라바르티 라가반, '생물 약탈에 반대하는 원주민 연합'의 데브러 해리, '유럽 농민 연맹'의 조제 보베, 아프리카 '제3세계 네트워크'의 테테 호르모쿠.[4]

시애틀을 위해 동원하는 데 직접 참여하지는 않은 사람들도 시애틀 시위에 기여했다면, 다른 사람들도 이 명단에 추가할 수 있다. 노엄 촘스키가 그 한 명일 것이다. 그밖에도 프랑스의 월간지 <르 몽드 디플로마티크> 기고자 그룹과 — 이와 겹치는 인물도 있겠지만—ATTAC 단체와 사회학자 피에르 부르디외 주변의 지식인 그룹인 '레종 다쥐르(행동해야 하는 이유)'가 그 명단에 포함될 것이다. 영국에서는 <가디언>의 칼럼니스트 조지 몬비엇(George Monbiot)과 '주빌리 2000'과 대학에 기반을 두고 있는 '인간과 지구', 벨기에에서는 에릭 투상과 제라르 드 셀리와 니코 히르트, 캐나다에서는 베스트셀러 ≪로고는 없다 No Logo≫의 저자인 나오미 클라인이 그 명단에 포함될 것이다.

거명된 사람들 중 일부는 1970년대부터, 심지어 1960년대부터 활동했던 활동가들이다. 촘스키와 수전 조지가 바로 그들이다. 나오미 클라인 같은 사람들은 1990년대에 유명해졌다. 그들의 공통점은 1990년대에 전 세계 정부들의 정책을 결정했던 사상으로 오늘날 보통 신자유주의라고 부르는 것(가끔 유럽 대륙에서는 단순히 자유주의라고 부르는데, 이 때문에 앵글로-색슨 나라들에서는 혼동이 생겨난다)을 다양한 각도에서 신랄하게 비판했다는 점이다.

신자유주의에 대한 거부

신자유주의 교의는 1980년대에 쌔처주의[마거릿 쌔처는 1979년에서 1990년까지 영국 총리를 지낸 보수당 우파 정치인]와 통화주의로 처음 표현됐다.' 이 교의는 토니 블레어 같은 유럽의 사회민주주의 지도자들이 채택한 '제3의 길' 사상으로 이어지고 있다. 신자유주의 교의는 국제통화기금(IMF), 세계은행(WB), 세계무역기구(WTO) 같은 주요 국제 기구들의 정책으로 구현되고 있다. 이 교의는 정치인들과 주류 경제학자들이 추진하는 모든 '경제개혁'·'근대화' 강령의 바탕이 돼 있으며, 신문의 칼럼니스트들과 TV 뉴스 해설자들에 의해 '상식'으로 묘사되고 있다.

신자유주의가 설교하는 근본 사상은 현대 사회에서 국가는 어떠한 경제적 역할도 하지 말아야 한다는 것이다. 1930년대 대공황 전에 만연했던 경제 정설, 즉 1776년에 애덤 스미스가 설교했던 '자유 방임' 교의(실제로는 장 - 밥티스트 세이 같은 사람들에 의해 더욱 통속화되고 더 쉽게, 더 널리 알려지게 된)로 되돌아가야 한다는 것이다. 그 정설은 '경제적 자유주의'로 알려졌으며, 그것이 부활한 것이 '신자유주의'다. 그 핵심은 자본가들이 '간섭'으로부터 '자유로워야' 한다는 것이다. 신자유주의는 여러 해 동안의 발전을 거쳐, 기업 이윤과 개인의 고소득에 대한 세금 감면, 국유 산업과 서비스의 사유화, 사기업 규제 폐지, 금융 자본의 국내외 이동 규제 폐지, 관세(수입 관세)와 종량제(물리적인 수입 제한)를 통한 수입 규제 시도 중단을 포함하게 됐다.

신자유주의는 1920년대 말부터 시작된 국가 개입 시도들이 결국은 비효율과 낭비만을 낳았다고 주장한다. 옛 동유럽 블록의 경제 붕괴와 라틴 아메리카나 아프리카의 정체와 빈곤은 국가 통제가 가져올 수 있는 재앙들을 입증한다는 것이다. 빈곤과 '후진성'을 극복하는 길은 WTO · IMF · 세계은행의 활동들을 통해, 여전히 남아 있는 규제들을 폐지하는 의제들을 끊임없이 해결하는 것이라고 한다.

신자유주의는 '인위적' 통제로부터 '기업'을 '자유롭게' 하는 일이 인류 전체의 운명을 개선할 것이라고 주장한다. 자본이 원하는 곳은 어디든 자유로이 이동할 수 있다면, 그 결과 효율성이 가장 높은 곳에서 재화가 생산될 것이다. 축적되는 부는 더 이상 '비효율적인' '사양' 산업들에 묶여 있지 않게 될 것이다. 사유화와 '내부 시장'은 생산성의 '역동적' 증가를 방해하는 '관료적' 통제나 '노동조합의 독점'을 중단시킬 것이다. 세계의 특정 지역들은 각자가 가장 잘 할 수 있는 것을 전문화할 수 있게 될 것이다. 이 과정에서 부자는 더욱 부자가 될 것이다. 그러나 그것은 문제가 되지 않는다. 전 세계적인 생산 증가가 모든 사람들에게 혜택을 주기 때문에 부는 가장 가난한 사람들에게로 '흘러 들어갈' 것이다.

'신자유주의' 견해들은 보통 '세계화'론과 관련돼 있다. 세계화론에 따르면, 세계는 정부의 개입 없이 자본의 자유 이동에 따라 편제돼야 할 뿐 아니라 그런 일은 이미 벌어지고 있다. 우리는 다국적(또는 초국적) 자본의 시대에 살고 있다. 국가는 케케묵은 제도이며, 기업들이 가장 효율적으로 생산할 수 있는 곳으로 생산을 마음껏 옮기는 것을 막을 수 없다. 각국 정부는 이를 저지하려고 **해서는 안 된다**. 그렇게 하면 북한이나 심지어 폴 포트 치하 캄보디아의 '서기 제로 년(年)'과 같은 '포위 경제'

를 초래할 것이기 때문이다. 그러나 어찌 됐든 정부는 그런 일을 할 수 없다. 기업들은 언제나 정부보다 한 수 위이기 때문이다. 국민을 염려하는 정부가 할 수 있는 일은 오로지 투자를 유치하기 위해 기업 활동에 필요한 최고의 환경, 즉 낮은 세금, '유연한 노동시장', 취약한 노조, 최소한의 규제를 기업들에게 제공하는 것이다.

토니 블레어의 궁정 사회학자인 앤서니 기든스처럼 사회민주주의자로 알려져 있는 일부 신자유주의자들은 국가 개입이 유익한 역할을 할 수 있는 시대가 있었다는 사실을 받아들인다. 그러나 그들은 세계 경제의 출현으로 이 모든 것이 바뀌었다고 주장한다. 국가 통제는 과거에는 정당했을지 몰라도 오늘날에는 비효율성을 동반하며, 비효율성은 빈곤을 낳는다는 것이다. '세계화'와 '신자유주의'는 서로 밀접하게 연관된 개념들이 됐다.

매우 유력한 일부 '세계화' 이론들에 따르면, 자본의 이동 능력은 절대적인 것이 됐다. 그에 따르면, 우리는 '무중력' 생산의 세계에 살고 있다. 컴퓨터 소프트웨어와 인터넷은 '구식 금속 제련' 산업보다 훨씬 더 중요하며, 기업은 하룻밤 사이에 생산을 한 나라에서 다른 나라로 옮김으로써 국가와 노동자 모두의 통제를 피할 수 있다. 제조업이 신흥 공업국과 제3세계로 이동하고 있기 때문에 선진국들은 '탈산업' 사회이며 구래의 노동자 계급은 더 이상 중요한 세력이 되지 못한다. 남아 있는 것은 67 대 33의 사회인데, 한편에는 계속해서 초과 수입을 얻을 수 있는 '인간 자본' 기능을 충분히 가진 대규모 중간계급이 있고, 다른 한편에는 '사회적으로 배제된' 하위 프롤레타리아가 잔류하고 있다. 후자는 제3세계 생산물과의 경쟁 때문에 기껏해야 저임금의 '유연한' 미숙련 비정규직을 얻을 수 있을 뿐이다.

한편, 제3세계와 신흥 공업국의 국민들에게는 자신을 매우 유리한 조건으로 다국적 기업들에 제공하는 것말고는 대안이 없다고 '세계화'론은 주장한다. 정부가 할 수 있는 일이라고는 국민이 세계 시장을 받아들이도록 장려하는 일밖에 없다. 농업은 다국적 기업들이 세계 시장에 판매할 수 있는 상품을 생산하는 것에 맞춰야 한다. 노동자들은 알맞은 임금과 노동조건 하에서 생산하기 위해 열심히 일해야 한다. 보건·복지·교육을 위한 세금은 최소화돼야 한다.

신자유주의와 세계화의 비판자들은 이러한 교의의 허점들을 하나하나 폭로했다. 비판자들은 시장을 받아들인 제3세계 나라들이 대개는 어떠한 진보도 이루지 못했다는 점을 보여 줬다. 지난 20년 동안 아프리카와 라틴 아메리카 국민 대부분의 조건은 개선되기는커녕 더 열악해졌다. 광대한 땅이 다국적 기업들을 위해 단작 생산('모노컬처') 토지로 바뀌었지만 소득은 늘어나지 않았다(똑같은 작물이 똑같은 방식으로 몇몇 나라에서 생산되면서 세계 시장 가격이 하락했기 때문이다). 벌어들인 소득은 대출에 대한 이자 지급으로 다 써 버렸으며, 너무도 자주 생태계 파괴가 뒤따랐다.

경작지를 뒤에 놔두고 도시로 간 사람들은 최악의 빈민가에서 살면서, 기껏해야 불결하기 이를 데 없는 조건에서 하루에 10시간, 12시간, 심지어 16시간씩 고되게 일하는 일자리를 얻을 수 있을 뿐이고, 보통은 세계 시장의 부침에 따라 그러한 일자리조차 온전히 유지되지 못한다. 한편, 선진국 노동자들은 생활 수준이 더 높기는 하지만, 체제로부터 '이득'을 보지는 못한다. 오히려 세계 자본주의 체제 하에서 그들은 늘어난 잔업 시간(미국 남성의 연평균 노동시간은 25년 전에 비해 꼬박 한 달이 더 늘어났다)과 정체하거나 심지어 하락한 실질 생활수준을 강요당한다(미국의 실질 임금은 지난 2년 동안에만 오르기 시작해 이제 겨우 1970년대 중반 수준을 회복했을 뿐이다).

이와 동시에, 비판자들은 정부의 기업 규제 폐지로 인한 생태계 파괴가 이제는 지구의 특정 지역뿐 아니라 지구 전체의 생태계를 위협한다는 점을 보여 줬다.

WTO, IMF, 다국적 기업, 시애틀의 충격

신자유주의 옹호자들은 국가의 경제 활동을 모두 해체하고, 상품·금융·자본의 자유 이동을 가로막는 모든 장벽을 없애고, 재산권 행사를 가로막는 모든 방해물을 제거하라고 요구한다. 세계무역기구(WTO)는 이러한 요구들을 강요하기 시작했다. WTO는 통신 같은 서비스를 외국인 투자와 경쟁에 개방하지 않는 국가를 상대로 경제 제재를 가하겠다고 위협한다. WTO는 보건이나 환경을 위협하는 다른 나라 제품들의 수입을 금지하지 못하게 한다. WTO는 특허를 갖고 있는 다국적 기업들에게 로열티를 지급하지 않은 채 약품이나 컴퓨터 소프트웨어 같은 것들을 생산하는 것을 '지적 해적질'이라며 금지한다.

IMF는 구조조정 계획을 통해 한술 더 떠 채무국 정부가 보건·교육비를 줄이고 경제의 되도록 많은 부분을 사유화하라고 명령한다.

신자유주의 옹호자들은 강제뿐 아니라 설득에도 많은 노력을 기울인다. 다국적 기업의 대표들이 운영하는 수많은 회의와 세미나와 '싱크 탱크' 들은 다국적 기업들의 요구를 정부 정책에 반영하기 위한 계획들을 세우며, 다시 이 계획들을 IMF·세계은행·WTO, 그리고 경제협력개발기구(OECD)와 유럽위원회 같은 정부간 기구들이 논의하도록 한다. 기업인들의 '유럽 원탁회의'가 이런 기구들에 촉구해 교육 제도(수업료를 포함한)[6] '개혁'을 지원하게 한 것, '세계 수자원 위원회'가 물 공급의 사유화를 추진하려는 계획을 세운 것[7], 서방의 1백대 기업 최고경영자들의 실무 그룹인 '대서양 연안 재계 회담'이 미국과 유럽연합 대표들과 협조해 WTO 의제들을 선정한 것[8]이 전형적인 사례들이다. 이러한 회의들은 '여론' 조작을 위해 중요하다. 신문의 칼럼, 보도 기사, TV 논평, 싱크 탱크들의 보고서, 학계의 후원과 대학의 학과들을 통해 최신의 신자유주의적 계획들이 대대적으로 홍보된다.

말할 나위 없이 이것은 다국적 기업들에 유리한 일이다. 다국적 기업들은 새롭고 수익성 있는 분야로 투자와 마케팅을 확장하는 데에 방해가 되는 것들을 제거하기 위해 '과잉 규제', '무역 장벽', '보호무역주의'에 반대하는 선전을 이용해 왔다. 그러한 방해물이 노동조합인가, 아니면 다른 나라의 경쟁 상대 자본가인가, 소생산자인가, 환경 파괴에 대한 우려인가는 상관이 없다. 그리고 지난 1990년대 대부분 동안에는 모든 것이 신자유주의 선전대로 돌아가는 듯했다. 신자유주의자들이 시애틀을 그토록 큰 후퇴로 여기는 이유는 바로 이 때문이다.

시애틀 항의 행동이 성공한 것은 부분적으로는 앞서 열거한 사람들 같은 운동가들이 지속적으로 반대 선전을 편 덕분이었다. 그들은 책자, 세미나, 신자유주의 신문들의 안쪽 구석에 실린 칼럼, 학술 논문과 때로는 TV 다큐멘터리를 통해 신자유주의적 주장의 허구성을 들춰 내려 했다. 그들의 노력은 우리 마르크스주의적 좌파가 한 노력과 나란히 진행됐다. 우리처럼 그들도 1990년대 초에 자신들이 지적 황무지 한가운데 있음을 깨닫고, 소련 블록의 붕괴가 자유 시장 자본주의의 모든 대안이 붕괴한 것이라고 선언하는 압도적인 듯했던 시류를 거슬러 올라갔다. 그러나 지난 1990년대가 끝나 갈 무렵 그들은 자기들의 주장을 들을 태세가 돼 있는 새로운 경청자들이 엄청나게 늘어났다는 것을 발견했다. 마르크스주의적 좌파의 경청자가 두 배 또는 네 배로 늘어났다면, 그들의 경청자는 열 배, 심지어 1백 배로 늘어났다.

물론 이것은 단지 그들의 노력만으로 생겨난 산물은 아니었다. 1990년대는 신자유주의자들의 약속과는 전혀 맞지 않았다.

1990년대 초 이라크를 상대로 한 전쟁[제2차 걸프 전쟁]과 1990년대 말 세르비아와 체첸을 상대로 한[각각 나토와 러시아의] 전쟁, 그리고 그 사이에 발칸 반도, 카프카스 산맥, 중앙 아시아, 아프리카에서 수십 번에 걸쳐 일어난 내전으로 '신세계질서'는 무너졌다. 신자유주의 조언자들이 옛 소련 블록 나라들에게 약속했던 '경제 기적'은 옛 소련과 남동부 유럽에서 자본주의 체제 역사상 전례 없는 규모의 경제 붕괴로 나타났다. 세계 2위의 경제 대국인 일본은 1991~92년에 시작된 경기 침체의 탈출구를 발견할 수 없었으며, 서유럽은 계속 대략 10퍼센트에 달하는 실업률을 겪었다. 8년 동안 경제 '회복'이 이뤄진 미국에서는 사람들 대부분의 생활이 25년 전보다 더 가난해졌다. 아프리카에서는 내전 격화에 일조하는 기아가 내전처럼 일상사가 된 듯했다. 라틴 아메리카는 1980년대의 '잃어버린 10년'에서 전혀 회복되지 못하고 있었다. 1990년대 전반부에 자본주의의 유일한 성공 사례인 듯했던 동아시아는 1997년에 갑자기 위기로 빠져들면서 신자유주의 진영 내에 커다란 분열을 낳았다. 그래서 조지 소로스 같은 유명한 금융업자나 제프리 삭스 같은 IMF의 옛 권위자들은 동아시아와 옛 소련의 혼란이 신자유주의자들 탓이라며 맹렬한 비난을 퍼부었다.

그뿐 아니라, 1990년대 말에는 모든 주요 정부들이 세계 기후에 대한 위협이자 인간 생활을 지탱시키는 기후의 능력에 대한 위협인 온실 효과를 중대한 문제로 인식하게 됐다. 1980년대 중반까지만 해도 매우 소수의 과학자들만이 온실 효과를 인식하고 우려했다. 물론 이 정부들은 그 문제에 대처할 적절한 조처를 취할 태세는 돼 있지 않았다.

폴 호큰이 '사상적 지도자'라고 부른 사람들의 중요성은 신자유주의 관행의 결과들에 대한 비판을 제시하고 신자유주의가 기업 탐욕을 위한 겉꾸밈이라는 점을 그 관행이 낳은 충격에 환멸을 느낀, 여러 서로 다른 집단에 속한 많은 사람들에게 보여 주는 데 있었다. 사상적 지도자들은 이론적 비판뿐 아니라 반대 운동을 건설하는 실천 활동에도 참여하기 때문에 그렇게 할 수 있었다. 이렇게 사상적 지도자들은 예컨대 1980년대 초 영국의 미사일 반대 운동이 건설될 때 역사가 에드워드 톰슨이 한 것과 비슷한 구실을 했다. 그러나 미사일 반대 운동이 단일 쟁점과 관계가 있었던 반면, 신자유주의에 반대하는 문제는 사람들이 이제 단일한 체제로 보기 시작한 것에 대한 다면적인 도전으로 서로 다른 단일 쟁점 운동들을 통합시키는 경향이 있었다. 시애틀은 이 추세의 절정이었고, 많은 전투들이 단일한 전쟁으로 보이기 시작함으로써 양적 증가가 질적으로 새로운 것으로 바뀌는 지점이었기 때문에 중요했다.

그러나 이 과정에서 중요한 문제들이 제기되기 시작했고, 이 새로운 운동을 건설하는 데 중요한 구실을 했던 사람들은 논쟁을 하지 않으면 안 된다. 제시될 수 있는 대안과 그 대안을 실행할 수 있는 세력들, 그 세력들을 동원하는 데 필요한 전술, 그리고 이 쟁점들의 기초가 되는 것으로서 신자유주의와 세계화는 더 넓은 체제와 어떤 관계를 맺고 있는가 하는 점 등이 논쟁해야 할 문제들이다.

시애틀과 그 뒤의 논쟁 — 개혁이냐 폐지냐

시애틀 자체에서 있었던 다양한 토론회와 강연회들에서 불가피하게 제기된 쟁점은 WTO를 개혁하기 위해 투쟁해야 하는가 아니면 폐지하기 위해 투쟁해야 하는가 하는 문제였다.

미국의 통합 노총(AFL-CIO) 내의 주류 견해는 '사회적 조항'을 제안하는 것이었다. 즉, 아동 노동과 재소자 노동 금지, 차별 금지, 노동자의 단결권과 단체교섭권 침해 금지 등의 핵심적인 노동 기준을 앞으로의 무역 협정에 포함시키자는 것이다. 그렇게 되면, 지금은 초국적 기업이 자유롭게 국경을 넘나들며 투자와 생산을 이동시킬 수 있도록 초국적 기업을 보호하는 데 쓰이는 WTO의 강제력이 그 때는 노동자의 권리를 보호하는 데도 사용될 수 있다는 것이다.[9] 스티븐 슈라이브먼은 환경주의적 관점에서 비슷한 주장을 폈다. WTO를 변모시키는 것을 목적으로 삼아야 하며, 그래서 WTO가 "초국적 제약 회사들의 성장에 대해서만큼 기후 변화에 대해서도 관심을 가지도록 만들어야 한다"는 것이다.[10] 일부 활동가들은 심지어 "세계은행과 초국적 기업들과 같은 기관들이 개방성과 책임성을 늘리도록 요구하는 대안적 전망"[11]을 통해 세계은행과 IMF를 개혁할 수 있다고 주장했다.

이와는 대조적으로, 제3세계 경제학자인 월든 벨로 같은 사람들은 "WTO를 개혁하려는 것은 잘못"[12]이라고 주장했다. 이것이 반드시 WTO 폐지 요구를 뜻하는 것은 아니다. 오히려 "그 권한을 근본적으로 줄이고, WTO를 다른 기구들과 공존하면서 다른 기구들의 견제를 받는 그냥 또 하나의 국제 기구로 만들 수 있는 능동적·수동적 대책들의 결합"을 요구하는 것을 뜻한다.[13] WTO가 시애틀 항의 시위자들의 관심사를 무시함에 따라 WTO 폐지 요구가 지지를 늘려 갔다.

2000년 6월 프랑스 미요에서 벌어진 대규모 항의 시위에서도 이와 비슷한 논쟁이 제기됐다. WTO 같은 기구의 "해체"를 주장한 연사들은 제한된 개혁을 옹호하는 사람들에게서 "공상적"이라는 비난을 받았을 뿐 아니라 아무런 규제도 원하지 않는 자유무역론자들과 실천에서는 "같은 편"이라는 비난을 받았다.[14] 개혁이냐 폐지냐 하는 논쟁은 또 다른 논쟁, 즉 현재의 무역 체제와는 다른 대안이 있다면 그 목표가 무엇인지에 관한 논쟁과 연관돼 있다.

사회적 조항, 이동 노동, 노조 권리들

미국의 노조들은 '사회적 조항'을 신설하면, 제3세계 나라의 노동자들이 노예와 다름없는 상태에 빠지는 것을 방지하는 동시에 다국적 기업들이 노동비용을 줄이고 노동조건을 악화시키기 위해 생산을 해외로 이동시키는 것을 막을 수 있다고 주장한다. 기자인 윌리엄 그라이더는 다음과 같이 썼다. "무역 개혁은 '밑바닥을 향한 경쟁'에서 벗어나려 애쓰는 나라들에게 보상과 자양분을 제공할 수 있다."[15] 그라이더 같은 사람들은 정부를 통해 무역 개혁을 이룰 수 있다고 말하지만, 이와 비슷한 주장들 중 일부는 지난 2년 동안 미국의 많은 대학교를 휩쓸었던 "혹사 공장 반대"와 "공정 무역"을 요구하는 운동 속에서도 제기됐다. 이 운동은 나이키나 스타벅스 같은 기업들에서 일하는 제3세계 노동자들의 노동조건에 대한 도덕적 분노가 동기가 됐으며[16] 소비자 불매운동을 통해 그 기업들에게 아동 노동 금지와 "공정한 임금 지급"[17]을 강제하려 한다.

이런 방식은 두 가지 서로 다른 근거에서 다른 활동가들의 비판을 받고 있다. 첫째, 이런 방식은 다국적 기업들이 정부 규제나 소비자 항의를 피할 길을 발견할 수 있다는 점을 과소평가하고 있다는 비판이다. 예컨대, 데이빗 베이컨은 다음과 같이 지적한다.

> 클린턴 행정부는 처음에는 노동 보호에 관해 논의할 뜻이 없었지만 이제는 현실을 인식하고 있다. 외국 기업들이 최악의 권리 침해를 하고 있다고 주장하는 것(그것이 실제이든 아니면 단지 홍보용이든 간에)이 국내의 압력을 빗나가게 하는 방법이다. 그러나 백악관은 빈곤의 원인에 관해 말하는 것에는 흥미가 없으며, 미국의 정책은 빈곤을 영속화하는 역할을 한다. 사실, 만약 클린턴이 노동 기준에서 새롭고 흥미로운 것을 발견했다고 할 수 있다면, 그것은 바로 그와 같은 정책을 실행할 수 있게 해 주는 방법이다. 그래서 노동부는 중미의 혹사 공장에서 이뤄지는 60시간 이상의 미지급

강제 초과 노동이나 14세 이하의 아동 노동을 금지하는 의류사업법을 제안하고 있다. …… 이 법을 위반한 기업들은 악마처럼 여겨지게 되며, 그렇지 않은 기업은 정상으로 간주된다.

사업 규정과 법규를 제안하지만 다음과 같은 기본적인 문제는 제기하지 않은 채 내버려둔다. 노동자들이 그런 공장에 들어가지 않으면 안 되게끔 만드는 빈곤은 무엇에서 비롯하는가? 미국 정부의 어떤 정책이 그런 빈곤을 영속화시키는가?[18]

나오미 클라인은 '사회적 조항'과 '공정 무역' 요구를 데이빗 베이컨만큼 노골적으로 비판하지는 않는다. 그녀는 나이키나 스타벅스 같은 특정 기업들의 행위에 초점을 맞춤으로써 사람들이 "체제 전체를…… 현미경으로 볼" 수 있다고 생각한다. 그러나 그녀는 다음과 같이 경고한다. "한 로고가 모든 관심의 초점이 될 때 다른 로고들이 올가미에서 풀려나게 된다는 것은 의심의 여지가 없다. …… 셸이 놓친 계약을 셰브론이 체결했고, 논쟁을 살짝 비켜 피한 아디다스는 나이키의 노동·마케팅 전략을 흉내냄으로써 거대한 시장을 되찾았다."[19] 더욱이 "법이 폐단들을 억제하지 못한다 하더라도 그 법규들이 그럭저럭 효과적으로 해 내는 일은 노동과 환경 파괴를 어떻게 규제할지를 결정하려 할 때 다국적 기업들과 시민들이 실제로는 동일한 목표를 공유하지 않는다는 사실을 흐리게 만드는 일이다. …… 윤리와 동반자 관계에 관한 얘기 이면에서 이 두 집단은 여전히 고전적인 계급 투쟁을 벌이고 있다."[20]

그러나 사회적 조항의 **유효성**에 관해서만 논쟁이 있는 것은 아닙니다. 그 조항들이 원칙상 올바른 것인지에 관한 더 근본적인 논쟁들도 있다. 일부 활동가들은 그 조항들이 빈국을 계속 빈국으로 남게 하는 데 이바지하는 효과만을 갖고 있다고 주장한다. 예컨대 데이빗 베이컨은 이렇게 주장한다.

AFL-CIO[미국의 통합 노총]가 제안하는 사회적 조항은 부유한 선진국 노조들의 제도상 필요들을 반영한다. 다른 나라들의 노조와 노동자들에게는 다른 것, 특히 경제 발전도 마찬가지로 필요하다.

예컨대, 가족 전체가 농장에서 일하는 필리핀과 멕시코의 농민들은 거의 다 자녀들을 일시키기보다는 학교에 보내고 싶어한다. 그러나 단순히 아동 노동을 금지한다고 해서 그런 기회가 주어지는 것은 아니다. 단순한 아동 노동 금지는 농민 가족이 생존하는 데 필요한 소득을 감소시킨다.[21]

우리가 살펴보았듯이, 베이컨은 빈곤의 진정한 원인이 단순히 아동 노동의 존재나 노동 기본권 제약에 있는 것이 아니라 제국주의의 세계적 정책들에 있다고 암시한다. 그러나 여전히 여러 대목에서 그의 주장은 최근 매우 열광적으로 신자유주의 교의들을 수용한 신노동당 소속 장관인 클레어 쇼트 같은 사람들이 펴는 주장들과 비슷하다. 그런 사람들은 기업이 대중을 착취하는 조건들을 제약하게 되면 일자리가 없어지고 대중의 조건이 더 악화된다고 주장한다. 또한 베이컨은 선진국의 활동가들이 제3세계 나라들의 노동자들이 아니라 그 정부 및 어용 노조와 일체감을 가져야 한다고 암시하는 듯하다.

> 노동 기본권도 중요하지만, 그보다 더 큰 투쟁이 벌어지고 있다. 즉, 누가 개발도상국들의 경제를 지배할지를 놓고 벌어지고 있는 투쟁이 그것이다. …… 미국의 노조들은 개발도상국 노동자들과 공통의 의제를 놓고 협상할 필요가 있으며, 시각과 견해의 차이를 인정하고 존중할 필요가 있다. 예컨대 중국 노총은 AFL-CIO의 무역 의제에 동의하지 않기 때문에 합리적인 노조 기구가 아니라고 말하는 것은 일종의 국수주의다.[22]

그래서, 한편에는 무역 협정에 사회적 조항들을 삽입하자는 요구들이 존재한다. 그렇지만 이것은 잘해야 비효과적이기 십상이며, 최악의 경우에는 대부분의 다국적 기업들에게 은폐물을 제공해 주고, 서방 정치인들에 의해 외교 정책 의제로 이용될 수 있다(미국의 일부 공화당 우파 의원들이 중국에 대한 무역 제재를 요구하는 것처럼). 다른 한편에는, 150여 년 전에 영국에서 자유 시장 경제학자인 시니어가 아동 노동 제한에 반대할 때 이용했던 것과 매우 비슷한 주장들이 존재한다. 시니어는 아동 노동을 금지하면 산업의 성장 속도가 늦춰지고 빈곤이 증대한다고 주장했다.[23] 베이컨 같은 사람들이 제1세계가 아닌 제3세계의 지배계급과 국가에 의한 '경제 발전'을 얘기한다 하더라도 근본적인 것은 달라지지 않는다.

전자의 입장은 WTO를 지배하면서 자국 다국적 기업들의 계획을 원조하는 도구로 '사회적 조항'을 이용하려 하는 선진국 정부에 의사 결정권을 넘겨주는 것이다. 후자의 입장은 제3세계 기업들과 정부가 '발전'을 이룩하기 위한 유일한 길로서 자국 노동자들을 착취하는 것을 정당화해 주는 것으로 끝나기 십상이다. 각각의 입장은 상대편의 주장을 그럴 듯하게 논박할 수 있지만, 그 어느 것도 자기가 언급하는 문제의 근본 원인에 주의를 기울이지 않는다. 무역이나 제3세계 나라의 산업 발전 시도보다 더 깊은 곳에 문제의 근본 원인이 있다.

외채 탕감 운동으로 충분한가?

'주빌리 2000' 같은 외채 탕감 운동 안에도 비슷한 논쟁이 있다. 이 운동은 가장 부유한 은행들의 금고에 최빈국 민중의 돈이 쏟아지고 있는 터무니없는 상황을 부각시키는 데 놀랄 만한 성공을 거두었다. 그러나 바로 그 성공 때문에 일련의 문제들이 제기됐다. 정부에 영향을 미치기 위해 '온건한' 요구들을 제기할 것인가, 아니면 완전한 외채 탕감을 주장할 것인가? 그리고 외채라는 단일 쟁점을 고수할 것인가, 아니면 의제를 확장해 더 넓은 체제의 문제들을 다룰 것인가? 전 세계의 가난한 사람들이 지고 있는 외채 부담을 부각시키는 과정에서 다른 어떤 개인보다도 많은 일을 한 수전 조지는 이 문제들을 다음과 같이 설명한다.

много 선량한 사람들은 유일한 대안으로서 모든 외채의 탕감을 요구한다. 나는 이 해결책이 함정이 될까 봐 두렵다. …… 남반구[빈국들을 포괄하는 용어]의 채무국들이 단결해 부분적 또는 전면적 외채 상환 중단을 선언할 수 있다면 나는 박수를 보낼 것이다. 그러나 나는 그런 행동이 일어나지 않을 것 같다고 본다. ……

만약 남반구의 공동 행동이 일어나지 않는다면, 북반구의 우리는 우리 정부들이 일방으로 외채를 탕감하라고 요구하는 운동을 조직해야 하는가? …… 그러나 외채 탕감은 설사 실행돼도 전례 없는 기아와 빈곤을 제3세계 전체에 확산시키고 있는 바로 그 체제에 유리하게 작용할 것이다. 어떻게?

첫째, 외채 탕감은 가장 낭비적이고 최악의 정부들에게 보상을 제공할 위험이 있다.

둘째, 외채 탕감은 혜택을 받은 나라들을 머지 않아 금융적 천민으로 전락시킬 것이다. …… 외채를 탕감받은 채무국들은 처음에는 형편이 다소 나아질 것이다. 그러나 그 뒤 대규모 신규 원조를 받지 못하게 되면 …… 자급자족해야 하는 처지에 내몰리면서 기초 생필품도 수입할 수 없을 것이고, 그들의 신인도도 제로가 될 것이다.

셋째, 100퍼센트 외채 탕감이 되지 않는다면, 외채 탕감은 대부분의 제3세계 나라들에게는 신기루이거나 순전한 타격이 될 것이다.[24]

여러 나라들이 많은 외채를 이미 갚을 수 없는 상태다. 부분적인 탕감은 그들이 예컨대 기존 외채 가운데 50퍼센트를 탕감 받는 대신에 나머지 절반 전부를 갚는 것을 뜻할 것이다.

수전 조지는 은행의 행위를 비판하는 사람들을 낙담시키기 위해 이런 점들을 지적하는 것이 아니다. 오히려 그녀는 의제를 더 넓혀, 제3세계로 흘러가는 '총 자원' 문제와, 제1세계 은행과 다국적 기업들뿐 아니라 제3세계 '엘리트'들의 행위 문제도 포함시키려 한다. 그저 외채 문제에 초점을 맞추는 것만으로는 대중이 찾는 해결책을 제공하지 않는다는 점을 그녀는 매우 설득력 있게 보여 준다.

그녀의 주장이 지닌 장점은 주빌리 2000의 경험에서 실천적으로 드러난다. 제3세계 민중에 대한 외채의 심각하게 해로운 효과를 부각시키는 데에 성공했다는 사실 자체 때문에 활동가들 사이에서 논쟁이 벌어졌다. 몇몇 지도적 인사들은 정부를 자신들의 관점으로 '견인'하기 위해 '온건한' 방법을 추구해야 한다고 그 동안 믿어 왔다. 그들은 IMF의 옛 나팔수였던 제프리 삭스 같은 자들에게서 지지를 얻는 일에 기댔다(제프리 삭스는 예컨대, 2000년 1월, 봉기에 가까운 원주민 항쟁으로 쫓겨난 에콰도르 대통령 하밀 마우드가 추구했던 신자유주의 정책들을 여전히 지지하는데도 말이다[25]). 또한 그들은 주요 선진국 지도자들이 외채 경감을 약속했던 1999년 쾰른 G8[선진 8개국] 정상회담을 축하했다. 그러나 각국 정부가 약속을 이행하지 않으면서 사람들의 생각이 많이 바뀌고 있다. 한 활동가는 이렇게 말한다. "나는 우리가 G8의 약속을 믿고 G8을 신뢰했던 것을 후회한다. …… 그러나 주빌리 2000을 지지하는 활동은 훌륭했다. 그 운동은 사람들에게 빈곤의 근원에 관한 문제를 제기했다."[26]

빈곤, 개발, 생태 파괴

세번째 논쟁도 무역과 외채에 관한 논쟁과 밀접하게 연관돼 있다. 그것은 바로 가난한 나라들에서는 어떤 개발이 이뤄져야 하는가에 관한 논쟁이다. '제3세계' 문제에 관심이 있고 시애틀 시위에 참가한 많은 지도적 활동가들은 무엇이 필요한지에 관해서는 이견이 없다. 그들은 제3세계 나라들이 선진국을 '따라잡기' 위해서는 산업화돼야 한다고 말한다. 이것은 데이빗 베이컨의 입장을 뒷받침하는 근거이기도 하다. "저임금 경제들의 산업 발전"에 관해 호의적인 글을 쓴 윌리엄 그라이더[27], "국제 경쟁력을 갖출 때까지는 국내의 유치 산업을 보호"해야 한다는 줄리엣 벡과 케빈 대나허[28]도 이런 입장을 받아들인다. 대나허는 심지어 남한을 귀감으로 보기까지 한다. 왜냐하면 "1960년대, 1970년대, 1980년대 동안 …… 여러 해에 걸친 정부 탄압에도 한국은 경제적으로 매우 잘 나갔기 때문이다."[29] 월든 벨로도 똑같은 입장을 받아들이고 있다. 그는 유엔무역개발회의(UNCTAD)와 그 기구의 오랜 지도자 라울 프레비쉬가 주장한, 수입 규제에 바탕을 둔 제3세계 산업화 전략에 공감한다. 비록 UNCTAD의 "세계 경제로의 통합 모델은 …… 의문시해야 한다."는

단서를 달고 있지만 말이다.[30]

그러나 다른 활동가들은 산업화 자체를 문제 삼고 싶어한다. 그들은 "경제 성장과 수출을 지향하는 유력한 개발 모델이 아닌 실현 가능한 대안"[31]을 모색한다. 특히 원주민들의 권리를 옹호하는 활동가들이나 인도의 반다나 시바 같은 환경 운동가들이 그런 입장이다.

'개발'이라는 유력한 개념에 대한 이런 도전은 제3세계(이 문제에 관해서는 제1세계와 옛 소련권 나라들에서도)의 산업화 때문에 사람들의 오랜 생활 패턴이 파괴되고, 수많은 사람들이 가난에 빠지고, 환경이 오염되는 등 수많은 재난이 초래됐다는 인식에서 비롯한 것이다. 수전 조지가 새로운 경제 모델에 대한 모색을 제안하면서 정확히 지적하듯이, 개발이라는 "지배적인 패러다임" 때문에 "많은 사람들이 토지를 잃고, 생활 터전인 촌락을 떠나지 않으면 안 되고, 앙상하게 야위어 가는 아이들을 지켜보아야 하고, 거의 무보수로 하루 14시간씩 일하거나 아예 일조차 못하고, 오염된 물을 마시고, 굶주림과 피할 수 있는 질병으로 고통에 시달리고, 자신들의 처지를 바꾸기 위해 용기를 내어 말하거나 뭔가를 시도하면 투옥되거나 고문당하거나 살해당한다."[32]

그러나 낡은 '패러다임'에 옳게도 도전하는 사람들은 안타깝게도 좀처럼 나름의 설득력 있는 대안을 제시하는 데까지 나아가지는 못한다. 예컨대, 유전학자인 매완 호는 유전자 조작 생물을 얻는 데 쓰는 기술들을 과학적으로 통렬하게 비판하면서

"전통적인 농업 형태"로 복귀해야 한다고 주장한다. 반다나 시바는 거대 다국적 기업들이 장려하는 농법이 민중의 삶에 미치는 파괴적인 효과를 들춰내지만, "전통적인 농법"이 엄청나게 많은 농민과 무토지 노동자들, 하층민과 대다수 여성에 대한 끔찍한 억압에 의존했다는 사실은 인식하지 못한다. 인도의 일부 지식인들은 어려서부터 농민 대중의 정서를 충분히 공감한 결과 이런 사실을 인식하게 됐는데, 작가인 프렘찬드가 대표적인 사례다. 그의 소설들은 계급, 카스트, 편협한 종교 신앙이라는 현실을 결코 회피하지 않는다.[33] 이와 대조적으로, 반다나 시바는 "생물학적 다양성을 보존하면서 밭에서 일하고, 식량을 생산하고, 음식을 요리하는 여성들"을 격찬한다.[34]

만일 "전통적인 농법"을 계속 사용했다면 아마도 지난 30여 년 동안의 인구 증가와 보조를 맞추기 위해 필요한 식량을 생산하지 못했을 것이다. 최근 리스 강연에서 반다나 시바는 그처럼 증가한 인구를 먹여 살리는 문제에 관해 질문을 받은 바 있다. 그러자 그녀는 단순히 "환경 훼손 없이는 꾸준히 유지될 수 없는 인구 증가"에 관해 언급하고는 이것이 "환경 훼손 없이는 꾸준히 유지될 수 없는 개발" 때문이라고 답했다.

> 자료들을 보세요. 인도의 인구는 1800년까지는 안정돼 있었습니다. 식민화, 토지 강탈 때문에 인구가 증가하기 시작했습니다. 영국에서 인구가 최고로 증가했던 때는 공유지를 사유지로 만들기 위해 울타리 치기가 일어난 뒤였습니다. …… 인구 증가는 환경 훼손 없

이는 꾸준히 유지될 수 없는 개발의 결과입니다.[35]

실제로는, 빈곤은 영국이 들어오기 훨씬 전부터 인도 농촌에 널리 퍼져 있는 특징이었다. 인도의 경제사학자 이르판 하비브는 "기근 때문에 대규모 인구 이동이 시작됐던" 무굴 제국 시대에 많은 농촌 주민들이 처한 빈곤을 사료로 입증한 바 있다.[36] 그리고 영국에서도 공유지의 사유지화를 위한 울타리 치기가 일어나기 훨씬 전에 이미 심각한 기아에 시달렸던 시기들이 — 예컨대 14세기 초의 몇 십 년 — 분명히 있었다. 과거에 대한 향수는 계급 사회에 대한 향수다. 그것이 비록 자본주의 계급 사회는 아니라 할지라도 너무도 잦은 기아와 몇 년마다 한 번씩 발생하는 기근 때문에 민중의 삶은 거의 끝없는 노고의 연속이었던 그런 계급 사회에 대한 향수다.[37]

더욱이, "전통적인 농업"은 통상 앞으로 30년이 지나면 지금의 갑절로 증가할 것으로 예상되고 있는 세계 인구의 식량 문제에 대한 해결책을 제시할 수 없다. 비록 비료와 살충제에 대한 의존도가 아무리 컸을지라도, 비록 농업에 자본주의적 관계들이 널리 퍼졌을지라도(그럼으로써 많은 소농민이 토지에서 밀려났을지라도), 비록 환경 훼손 없이 자연 자원을 꾸준히 이용할 수 있는 가능성에 커다란 장기적 손상을 입혔을지라도, 지난 30년 동안 "녹색 혁명"과 관련된 방법들 덕분에 인도의 [농업] 생산은 수입에 의존하지 않고도 국민들에게 필요한 최소한의 식량을 공급할 수 있을 만큼 증가했다. 1980년대에 곡물 생산은 해마다 평균 3.2퍼센트씩 증가한(인구 증가율보다 더 높았다) 반면, 1970년대에는 (인구 증가율보다 더 낮은) 연간 1.8퍼센트씩 증가했다.[38] 반다나 시바조차도 지나가면서 "녹색 혁명의 제한적인 성과"를 인정한다.[39] 주민 대중이 이로부터 얻은 것이 미미하거나 아무것도 없다면(어떤 통계에 따르면, 칼로리 섭취량이 소폭 늘어나고 빈곤이 소폭 줄었고, 다른 통계에 따르면 아무런 변화가 없었다), 그것은 증가된 식량이 계급에 따라 불평등하게 분배되면서 식량 증가의 혜택이 부유층에게 돌아갔기 때문이다(직접적으로 부유층에 식량이 남아돌았거나 아니면 간접적으로 해외로부터의 수입 사치품을 구매하기 위한 소득원으로 쓰였다).

환경 훼손 없이 자연 자원을 꾸준히 이용할 수 있는 개발 모델은 공평한 분배를 보장하는 것은 말할 것도 없고 적어도 최근 몇 십 년간 이뤄진 식량 생산 증가에 필적하는 것이어야 한다. 사실, 현재 인구의 대다수는 날마다 겨우 약 2천 칼로리를 섭취하고 있는데, 이 최소 열량보다 더 많은 칼로리를 섭취하려면 지금까지의 식량 생산 증가에 필적하는 것만으로는 부족하다. "전통적인 방법"에 의존하는 것으로는 그렇게 할 수 없다. 그렇게 하려면, 현재와는 다른 방식이어야겠지만 과학 연구의 응용과 자본 투자가 필요하다. 실제로 현재 인도의 개발 패턴에 대해 우리는 총투자에서 식량 생산에 배분되는 몫이 감소하고 있으며, 환경 훼손 없이 자연 자원을 꾸준히 이용할 수 있는 식량 공급 증대 방식에 대한 과학 연구가 불충분하다는 비판을 해야 한다.

기존 '개발' 모델을 옳게 비판하는 사람들은 [그러나] 흔히 '현지 생산'이나 '현지 사용' 쪽으로 대대적인 전환이 있어야 한다고 암시한다. 그러나 식량을 현지 생산에 의존하는 것은 부침을 거듭하는 세계 시장을 위한 생산에 의존하는 것과 마찬가지로 그 나름의 나쁜 결과를 낼 수 있다. 역사적으로 현지 생산은 기후 조건이나 해충의 창궐로 인해 수확이 타격을 입으면 언제나 기근이 뒤따랐기 때문이다. 현대의 기술 덕분에 가능해진 식료품의 국제적 이동은 세계의 일부 지역에서 발생한 기근들을 옛날의 기억으로 만들 수 있다. 아프리카의 많은 지역에서 기근이 유행하는 것은, 다른 곳에서 생산된 식량을 소비하는 것이 잘못이기 때문이 아니라, 인간의 필요가 아닌 이윤을 고려해 식량의 국제적 분배가 이뤄지기 때문이다.

수십 년 또는 심지어 수백 년 동안 경제를 멀리 떨어져 있는 시장을 위한 농작물 생산에 의존해 온 나라들이 있다. 예컨대 쿠바의 설탕이나 중미와 카리브해 연안의 바나나가 그렇다. 그런 나라 사람들은 우리가 어느 날 갑자기 그들의 생산물을 구매하지 않는다면 굶주리게 될 것이다. 우리는 지난 이삼십 년 동안에만 아니라 적어도 16세기 이후 계속 발전해 온 세계 체제 속에서 살고 있다. 그 체제의 소름끼치는 결함에 대한 해답은 개별 나라나 지역을 나머지 세계와 절연하는 것이 아니라 국제 규모로 존재하는 부를 세계 민중 전체를 위해 사용하는 것이다.

마지막으로, 자본주의적 개발 모델을 공격하는 사람들은 때때로 잘못된 주장을 편다. 그들은 자본주의적 개발 모델이 사람들을 끊임없이 고생하게 만들기 때문이 아니라 그것이 충분히 "노동집약적"이지 않기 때문에 잘못된 것이라고 주장한다. 그래서 예컨대 '환경연구재단'은 현재의 농법이 지닌 결점 가운데 하나로 "기계가 인간의 노동과 짐 끄는 동물들을 대체하기 때문에 일자리가 사라진다."[40]는 것을 꼽는다. 이렇게 되면, 인간의 단조롭고 고된 일이 모종의 좋은 것이고 사람들이 고통받는 것은 노동이 충분치 않기 때문이라는 주장을 받아들이게 된다. 그러나 이것은 사물을 완전히 거꾸로 보는 것이다. 건전한 사회라면 기계가 많아질수록 누구나 힘들게 일하지 않아도 더 손쉽게 먹고 살 수 있을 것이다. 만약 현존 사회가 그렇지 않다면, 그것은 현존 사회의 뭔가가 근본적으로 기울어져 있기 때문이다. 현존 사회가 불평등하다 해서 노동이 더 많이 필요한 방법이 노동이 더 적게 필요한 방법보다 나은 것은 아니다. 언젠가 브렌던 비핸이 말했듯이, "만약 노동이 그다지도 좋은 것이라면 왜 부자들이 자기들 혼자서 다 노동하지 않는 걸까?"

신자유주의, 세계화, 자본주의

다른 모든 논쟁들의 근원에 또 다른 근본적인 쟁점이 자리 잡고 있다. 우리는 무엇에 반대해 싸우고 있는가? 오래 전에 확립된 하나의 경제 체제인가? 아니면 단순히 지난 10여 년 동안 일어났고 '세계화'와 '신자유주의'라는 이름 아래 진행되고 있는 일련의 제도적·이데올로기적 변화들인가?

때때로 '세계화'와 '신자유주의'라는 말은 더 넓은 체제를 에둘러 일컫는 말일 뿐이다. 그렇다면, 세계화와 신자유주의에 대한 공격은 자본주의 체제와 이를 옹호하는 다양한 이데올로기에 대한 공격을 개시하는 방법이다. '기업 탐욕'은 이윤 체제와 동의어로 사용되고 있으며, '초국적 기업'은 자본주의 기업과 동의어로, '세계화'는 세계 자본주의가 보통 사람들의 희망을 짓밟는 방식과 동의어로 사용되고 있다. 그렇다면 이 모든 것은 사람들이 자본주의의 더 광범한 비인간성을 깨닫도록 하는 데 도움이 된다.

그러나 흔히 세계화와 신자유주의의 비판자들은 마치 세계화와 신자유주의가 더 넓은 체제와 관계 없는 양 그냥 그 자체로만 설명한다. 그래서 예컨대 이냐시오 라모네는 <르 몽드 디플로마티크>에서 다음과 같이 썼다. "세계화를 불가피한 운명으로 받아들이는 것은 이제 그만두자. …… 사람들은 세계화가 끼친 피해에 직면해 새로운 유형의 권리인 집단적 권리를 요구하고 있다."[41] BBC 방송의 리스 강연에서 반다나 시바는 "세계화"와 "새로운 세계 경제"야말로 보통 사람들의 삶에 끔찍한 결과를 초래했고 인도 같은 나라들에서 "특히 식량과 농업의 재앙"을 낳았다고 주장했다.[42] 피에르 부르디외는 적이 '세계화'와 '신자유주의'라고 본다. "주요 쟁점은 신자유주의와 국가의 후퇴다. 프랑스에서 신자유주의 철학은 모든 사회적 실천과 국가 정책의 상시적이고 현저한 특징이 돼 있다."[43]고 부르디외는 말했다. 프랑스 ATTAC(금융 거래 과세 시민 연합)의 몇몇 지도자들은 자신들의 운동이 '반자본주의적'인 것이 아니라 단지 국민 경제를 혼란에 빠뜨리는 단기 금융 자본의 흐름을 저지하려는 것일 뿐이라고 말하기까지 한다.[44]

수전 조지는 최근 저서 ≪루가노 보고서≫에서 자본주의라는 말을 명칭 그대로 언급하고 있다.[45] 그럼에도 시애틀 이후에 그녀는 "세계화의 해로운 결과들"에 반대해 결집했던 사람들에 관해 쓰면서, 마치 그런 폐해들이 자본주의와는 분리된, 본질적으로 자본주의보다 더 나쁜 것인 양 묘사했다. 비비안느 포레스테는 베스트셀러 ≪경제적 공포≫에서 실업 같은 문제를 오랜 역사를 지닌 자본주의의 산물이 아니라 '세계화'의 "부산물"[46]로 본다. 그래서 그녀는 실업과 같은 문제를 지난 10여 년 간의 산물로 보는 듯하다. "옛날이나 지금이나 진정한 혁명이 문제다. 그 혁명으로 신자유주의 체제가 그럭저럭 확립되고, 구체화되고, 활성화됐으며, 그 자신의 논리가 아닌 다른 것은 모두 무효로 만들 수 있게 됐다. …… 새로운 체제는 극적인 또는 심지어 가시적인 격변을 거치지 않고 장악했다."[47]

이로부터 다음과 같은 결론, 즉 '신자유주의'와 '세계화'는 만약 그것들이 없다면 그런 대로 참을 만한 체제에 강요된 부정적인 특징이라는 결론을 쉽게 이끌어 낼 수 있다. 예컨대 에릭 투상은 자본주의 역사의 현 단계와 전 단계를 대조함으로써 그런 결론을 내린다. "비록 북반구의 포드주의적 사회 합의와 남반구의 개발주의적 합의, 옛 소련권의 관료적 통제는 권력 집단의 강제력 사용을 없애지는 못했지만— 전혀 그러지 못했다 — 이 각각의 경로들은 진정한 사회적 진보를 낳았다."[48]

<르 몽드 디플로마티크>의 이사인 카상은 이와 얼마간 비슷한 입장을 받아들이고 있다. 그는 자본주의적 방식에 따라 계획되는 '보호무역주의' 국민 경제 모델로 돌아가야 한다고 강조한다. '현지' 기업인과 기업체에 의한 '현지 생산'에 의존해야 한다고 설교하는 콜린 하인스도 마찬가지다.[49] 이런 주장들은, 실제적이고 현실적이며 적어도 부분적으로는 인간적인 자본주의 모델이 다국적 기업의 명령을 따르는 신자유주의자들에 의해 전복됐다는 인상을 준다. 그러나 세계화와 신자유주의 비판자들의 저작에서 그토록 생생하게 묘사된 참상을 신자유주의자들의 노력으로만 설명하는 것은 충분할 수 없다.

그런 참상의 대부분은 자본주의 자체만큼 오래된 것이지, 단순히 지난 20년의 산물인 것은 아니다. 인간의 상품화, 가장 많이 광고되는 제품들을 혹사 공장 노동에 의존하는 것, 남녀노소의 삶을 파괴하는 장시간 노동, 토지와 직장에서 갑자기 쫓겨난 농민과 노동자의 생계 파탄, 황폐해진 환경, 이 가운데 어느 것도 지난 20~30년 동안 새롭게 발생한 현상이 아니다. 100년, 150년, 심지어 200년 전에 쓰인 저작들에서 이 모든 것을 읽을 수 있다. 즉, 코벳의 신문 기사, 찰스 디킨스의 ≪어려운 시절≫, 개스켈 부인의 ≪남과 북≫, 에밀 졸라의 ≪제르미날≫, 업튼 싱클레어의 ≪정글≫, 엥겔스의 ≪영국 노동자 계급의 상

태》, 칼 마르크스의 《자본》 제23장 '자본주의 축적의 일반 법칙'에서 말이다. 그것들은 자본주의 역사 전체에 나타난 특징적 결과들이다.

오늘날 세계화를 비판하는 최상의 저작들에서 그토록 인상적인 것은 바로 이 옛 저작들과 너무도 많은 공통점을 공유하고 있다는 것이다. 그 공통점은 체제의 비인간화, 사람들의 삶이 통제할 수 없는 불합리한 힘들에 종속되는 것, 인간이 살아야 하는 환경의 파괴를 매우 강력하고 가슴 뭉클하게 공격하고 있다는 것이다. 이 저작들은 신자유주의 '현대화론자들'의 미사여구 뒤에 숨어 있는 망가진 삶과 인간의 생존 자체를 위협하는 생태 파괴라는 우울한 현실을 보여 준다.

신자유주의와 세계화 이론들 — 세계를 거꾸로 보기

신자유주의와 세계화 이론의 비판자들이 대부분 충분히 멀리까지 나아가지 않는 중요한 측면이 하나 있다. 그것은 세계 체제가 돌아가는 방식에 관해 이 이론들 자체가 내놓는 주장들 가운데 많은 것을 그들이 수용한다는 것이다. 이 이론들은 세계의 민중 대다수가 직면하고 있는 문제들에 대해 완전히 재앙적인 치료법을 처방할 뿐 아니라 세계 체제를 완전히 피상적으로 이해한다.

마르크스는 자본주의의 작용 방식이 실상을 너무도 쉽게 은폐한다는 사실을 오래 전에 지적했다. 시장에서 상품을 사고

파는 사람들은 시장에서 거래되는 물건의 상호 작용만을 볼 뿐 그 뒤에 있는 인간의 활동은 보지 못한다. 자금 시장을 이용해 주식 배당과 이자를 소득으로 얻는 사람들은 화폐 자체가 공장·농경지·광산·사무실에서 힘들게 일하는 사람들과는 아무 상관도 없이 증식하는 마술적인 능력을 지녔다고 믿는다. 노동자들의 노동에서 이윤을 얻는 자본가는 자기가 노동자들에게 일자리를 제공한다고 믿는다. 자본가들이 보기에 실업은 할 필요가 있는 일의 총량이 약간 모자라기 때문에 발생하는 것이지, 생계 수단을 소유한 자들 사이의 무계획적 경쟁에 의해 움직이는 체제의 불합리성에서 비롯하는 것이 아닌 것처럼 비친다.

마르크스는 자본주의가 조장하는 이런 전도된 세계관을, 인간이 신을 창조한 것이 아니라 신이 인간을 창조했다는 종교 관념과 비교하면서 "상품 물신주의"라고 불렀다. 상품 물신주의의 세계에는 새로운 부의 창출과 관련된 힘든 일, 중노동, 착취는 존재하지 않는다.

신자유주의와 세계화 이론들은 이런 전도된 세계관을 극단화한다. 친척뻘 되는 '신고전파'나 '한계학파'의 주류 경제학처럼 그것들도 금융 자본가와 상업 자본가의 관점에서 사물을 본다. 그들의 관점은 생산과 착취의 실제 세계에서 일어나는 일을 사실상 무시한다.

이것은 지난 사반 세기 동안 세계 경제 구조에 실제로 일어난 일을 설명할 때 가장 잘 드러난다. 국경을 뛰어넘는 거래가 증대했다. 그러나 이것은 실물 생산보다 금융 거래의 경우에 여러 갑절 더 두드러진다. 나는 다른 논문들에서 이것에 대한 경험적 증거를 많이 제시했다.[30] 여기서는 몇 가지만 요약하겠다.

국제 금융 자본가들은 날마다 국경을 가로질러 몇 조 달러를 이동시키는 한편, 여전히 다국적 기업들은 대부분의 생산을 한 나라나 몇몇 경우에는 두 나라에서 하고 있다. 마찬가지로, 주요 다국적 기업들의 중역들은 거의 변함 없이 비슷한 '민족적 편견'을 보인다. 각 다국적 기업은 국가가 하는 일에 무관심하기는커녕, 금리와 환율에 영향을 미치는 문제나 국제적 경제·금융 협상에서 이득을 얻기 위한 투쟁을 '자신의' 국가에 기댄다. 그리고 특정 나라에 본거지를 둔 다국적 기업들은 결정적인 시기가 오면, 가령 어떤 대기업의 파산으로 그들 공통의 이익이 위협받으면 심지어 그 대기업의 국유화를 포함해 그 나라 정부가 개입하기를 원한다(레이건과 부시 정부 시절 미국의 저축대부조합, 1990년대 스칸디나비아와 일본의 은행들, 최근에는 한국의 대기업 대우가 이런 경우에 해당한다).

다국적 기업들은 또한 '무중력' 상태에 있는 것이 결코 아니다. 그들은 거대한 생산 설비를 한 나라에서 다른 나라로 즉각 옮길 수 없다. '금속 단련'은 아직도 거의 모든 생산에서 가장 중요하다. 자동차, 트럭, 대들보 강철, 교량과 차체, 냉장고, 세탁기, 의약품, 심지어 컴퓨터와 마이크로칩조차도 여전히 매우 값비싼 공장에서 제조해야 한다. 그런 공장들은 펜 놀림만으로

한 장소에서 다른 장소로 옮길 수 없다. 쉽게 옮길 수 있는 산업들, 특히 값싼 재봉틀을 사용하는 의류 제조업은 예외지 일반적인 경우가 아니다. 90퍼센트의 산업에서 생산의 이전은 몇 주만에 이루어지는 것이 아니라 몇 년에 걸쳐 이뤄진다(예컨대 포드는 영국의 데이거넘에서 독일로 생산을 이전하는 데 적어도 2년을 잡고 있다). 그리고 이전할 때도 한 선진국에서 다른 선진국으로 이전하는 경우가 압도적이다. 1990년대 초에 세계 해외 투자의 4분의 3은 선진국에 집중됐고, 16.5퍼센트는 가장 중요한 10대 신흥 공업국으로 몰렸다. 제3세계에 대한 투자액은 다 합쳐도 겨우 8.5퍼센트뿐이었다.

미국의 각 주와 아메리카 대륙의 상대적 경제 규모에 관한 최근의 수치들은 세계 생산 체제의 핵심이 어디에 있는지를 보여 준다. 서반구 전체의 경제를 100으로 놓으면, 미국 전체는 그 가운데 76퍼센트를 차지한다. 이와 대조적으로, 라틴 아메리카에서 가장 큰 나라인 브라질은 겨우 8퍼센트일 뿐이고(10퍼센트를 차지하는 캘리포니아 주보다 작다), 캐나다는 겨우 6퍼센트(뉴욕 주와 동일한 수치다), 멕시코는 4퍼센트(일리노이 주와 같고 5퍼센트를 차지하는 텍사스 주보다 작다), 아르헨티나는 3퍼센트(오하이오 주와 같고 4퍼센트인 플로리다 주보다 작다)일 뿐이다. 칠레·페루·에콰도르·콜롬비아·과테말라·우루과이·베네수엘라를 모두 합쳐도 겨우 3퍼센트일 뿐이다.[51]

빈곤은 라틴 아메리카, 아프리카, 아시아의 광범한 지역에 존재한다. 그 까닭은 그 지역들에 투자한 자본이 저임금을 지급하기 때문만이 아니다. 그 지역에 투자하는 것이 자본의 끝없는 이윤 요구에 적합한 경우가 그다지 흔하지 않기 때문이기도 하다.

지리적으로 뿌리 내린 생산 설비가 기업들에 없어서는 안 되는 한편, 노동자들도 그들에게 없어서는 안 된다. '세계화'에 관한 온갖 과장에도 불구하고 선진 공업국의 제조업 노동자 수는 반 세기 전보다 훨씬 더 많아졌으며, 지난 1990년대 동안에도 별로 줄어들지 않았다. 24개 주요 경제의 공업 노동자 수는 1900년에 5170만 명이었는데, 1950년에는 8800만 명, 1971년에는 1억 2000만 명, 1998년에는 1억 1280만 명이었다. 미국의 공업 노동자 수는 1900년에 880만 명이었는데, 1950년에 2060만 명, 1971년에는 2600만 명, 1998년에는 3100만 명이었다.[52]

제조업의 수치들은 진상의 일부일 뿐이다. 노동자의 조건 면에서 '서비스' 부문의 매우 많은 일자리가 '공업'의 일자리와 구별되지 않는다. 항운 노동자와 환경 미화원 같은 집단은 언제나 그랬다. 전자 상거래가 활성화될수록 중요해질(가장 '무중력'적인 기업조차도 상품을 배달하기 위해서는 이들이 필요하기 때문이다) 운수 노동자와 배달 노동자도 마찬가지다. 그리고 패스트푸드 체인점과 콜 센터의 성장도 공장 비슷한 조건에서 일하는 사람들의 수를 나날이 늘리고 있다.

이들 가운데 다국적 기업에 맞서 본질적으로 무력한 집단은 없다. 1988년 영국 포드에서 파업이 일어났을 때 유럽의 모든 포드 공장이 멈췄다. 마찬가지로, 제너럴 모터스(GM)의 단 한

개 공장이 북미 전역의 GM 공장을 멈추게 하곤 했다. 더 근래에는 프랑스에서 체신 노동자들과 경비업체 노동자들이 자신들의 잠재력을 보여 준 바 있다.

안타깝게도, 너무도 흔히 신자유주의 비판자들은 세계화 이론의 그 같은 잘못된 생각들을 이해하지 못한다. 그래서 비비안느 포레스테는 다음과 같이 쓰고 있다.

> 노동과 경제가 통합된 세계, 의사 결정권자에게는 많은 사람이 필수불가결했던 세계는 마치 완전히 사라진 듯하다 …… 사이버네틱스, 자동화, 혁명적 기술이 지배하는 새로운 세계는 …… 더는 쓸모가 없는 '노동의 세계'와 진정한 관련이 없다.[53]

나오미 클라인의 논조도 흔히 이와 비슷하다. 그녀는 많은 다국적 기업들이 "대규모 사용자라는 전통적인 역할을 포기"한 채, "마음대로 옮겨 다닐 수 있는 노동자들을 고용하는 마음대로 옮겨 다닐 수 있는 공장들의 체계"를 본거지로 삼는다고 쓰고 있다.[54] 그녀는 GM이 "마킬라도라[미국과의 국경에 인접한 멕시코 북부에 국경선을 따라 형성된 제조업 지대]로 생산을 이전하는 것과 전 세계에 퍼져 있는 그와 똑같은 GM 공장들"에 관해 썼다.[55] 이런 서술을 읽어보면 마치 엄청나게 많은 일자리가 미국에서 멕시코로 빠져나간다는 인상을 받는다. 그러나 클라인은 다른 곳에서 마킬라도라의 취업 노동자 수가 90만 명이라고 말하는데,[56] 이는 미국 총 취업 노동자 수의 25분의 1에도 못 미치는 수치다. 아직도 미국 내에 있는 GM의 노동자 총수는 멕시코에 있는 GM 공장에서 일하는 노동자 수의 여러 갑절인 20만 명 선을 유지하고 있다.

마르크스주의 용어를 곧잘 사용하는 데이빗 베이컨은 제3세계 나라로의 자본 이동을 미국 내 일자리가 없어진 주요 원인으로 봄으로써 똑같은 잘못을 저지르고 있다. "부국과 빈국 간의 생활 수준 차이가 …… 기업들이 생산을 재배치함에 따라 미국에서 일자리가 사라지는 원인이다."⁵⁷

사실, 모든 선진 공업국에서 일자리 상실의 주요 원인은 기존 산업 체계 내에서 생산성을 향상시키기 위한 구조조정 때문이지, 해외 이동 때문이 아니다. 산업의 재배치가 있었다면, 그것은 보통 미국 내에서 그랬던 것이지, 국경선을 넘어 그랬던 것은 아니다. 영국 노동자들이 겪었던 최대의 패배, 즉 1985년 광부들과 1987년 인쇄 노동자들의 패배는 생산이 해외로 이전됐기 때문에 일어난 것이 아니다.

포레스테·클라인·베이컨의 주장에서 이것은 사소한 약점이 아니다. 신자유주의와 세계화 이론들의 여러 기능 가운데 하나는 체제가 단지 통제 불능일 뿐 아니라 그 안에서 노동하는 사람들이 어떠한 도전도 할 수 없다는 인상을 주는 것이다. 기업들이 마음대로 옮겨 다닐 수 있다는 주장은 정부가 기업의 명령에 굴복하는 것에 대한 변명이자 노조 지도자들이 기업에 대항하는 파업을 승인하지 않는 것에 대한 변명이다. 그들의 주장은 '우리는 기업을 이길 수 없다, 따라서 기업과 함께해야 한다'는 것이다. 신자유주의에 반대하는 사람들이 그런 주장에 속아 넘어가는 것은 잘못이다.

세계화, 신자유주의, 전쟁

신자유주의와 세계화 이론들은 침묵하고 있지만 그 비판자들은 매우 큰 관심을 기울여야 하는 현대 세계의 마지막 특징이 하나 있다. 그것은 바로 전쟁으로 나아가는 경향이다.

세계화 이론의 논리가 시사하는 바에 따르면, 기업은 자기가 어느 나라에서 활동하는지, 그 국가가 얼마나 강력한지에 관해서는 관심이 없다. 그들은 자유 무역과 자유로운 자본 이동 때문에 전쟁은 더 이상 일어나지 않는다고 주장한다. 즉, "맥도날드가 있는 두 나라는 결코 전쟁을 벌이지 않았다"는 것이다.

근래 몇 십 년간 세계의 현실은 그런 주장이 전혀 사실이 아님을 보여 줬다. 소름끼칠 만큼 빈번히 전쟁이 일어나 해당 지역 사람들의 생활을 갑자기 혼란에 빠뜨렸다. 서방의 대 이라크 전쟁, 아프리카에서 벌어진 일련의 전쟁과 내전, 옛 유고슬라비아에서 벌어진 전쟁들, 서방의 대 세르비아 전쟁, 러시아의 대 체첸 전쟁이 그랬다. 그뿐 아니라 인도와 파키스탄, 그리스와 터키, 중국과 대만, 에콰도르와 페루 간의 소규모 전쟁이나 전쟁 위험이 있었다. 이 나라들 대부분 — 크로아티아와 세르비아, 인도와 파키스탄, 에콰도르와 페루, 그리스와 터키, 나토 열강들과 잔존 유고슬라비아 — 에는 실제로 맥도날드가 있었다.

무장한 국가 간의 그러한 충돌들은 구조조정 계획과 자유무역 협상만큼이나 현 체제의 일부다. 이것은 여전히 특정 국가들의 권력과 영향력이 특정 자본가들의 운명을 크게 좌우하기 때문이다. 보잉·몬산토·마이크로소프트·텍사코·GM 같은 기업들은 일반으로는 미국 국가와, 특별하게는 미국 군부와 여러 해에 걸친 연계가 없었다면 지금의 지위를 누리지 못하고 있을 것이다. 그러나 어떤 국가의 권력과 영향력은 다른 국가와 군사적으로 끝까지 싸울 수 있는 잠재력, 또는 적어도 그럴 수 있는 동맹 체제에 참가할 수 있는 잠재력에 달려 있다.

1990년대는 미국이 쿠웨이트의 석유 공급에 대한 자국의 영향력을 보호하기 위해서 연합군을 이끌고 바그다드를 폭격하면서 시작됐다. 1990년대 말에는 나토의 '신뢰도'를 지키기 위해 ─ 미국이 득세하는 동맹이 유럽의 남동부 지역에 대한 전략적 지배와 석유가 풍부한 중동과 카스피해 연안 지역에 대한 지배를 분명히 하기 위해 ─ 미국이 이끈 또 다른 연합군이 베오그라드를 폭격했다. 그 전쟁들을 합리화하기 위한 선전 공세를 통해 미국 국무부가 뭐라고 변명했든지 간에, 그런 행위들을 한 이유는 그 전쟁들이 세계 어디에서든지 미국의 권력을 강요할 수 있음을 보여 주는 것이었다. 그런 전쟁들을 통해 미국은 제3세계 정부들이 미국 자본가들의 이익을 침해하지 못하도록 할 맹주권을 주장했다. 그리고 그 맹주권은 유럽 국가들과 일본이 무역·투자·외채 협상에서 미국의 지도에 복종하도록 하기 위한 것이었다.

미국 국무부와 가까운 언론인인 토머스 프리드먼은 대기업과 군사력의 관계를 다음과 같이 요약했다.

> 시장의 보이지 않는 손은 보이지 않는 주먹이 없다면 결코 작용을 하지 않는다. 맥도날드는 맥도널 더글러스가 없다면 번창할 수 없다. 실리콘 밸리의 기술이 번창하도록 세계의 안전을 유지하는 보이지 않는 주먹을 일컬어 미국의 육군·공군·해군·해병대라고 한다.[58]

각국 정부와 신자유주의 옹호론자들은 평소에는 그런 연관을 숨기려고 애쓰며, 전쟁을 벌이게 되면 인권에 관심이 있기 때문에 그렇다는 인상을 심어 주려고 한다. 그것은 신자유주의 반대자들이 현혹돼서는 안 되는 구실이다. IMF, 세계은행, WTO, 미국 국방부, 나토는 똑같은 체제의 서로 다른 측면일 뿐이다. 그 중 하나에 대해서는 투쟁하고 나머지는 지지하는 것은 안 될 말이다.

신자유주의 기원

신자유주의와 세계화 이론들은 기업과 국가, 산업과 금융 간의 진정한 관계 등 우리가 살고 있는 세계의 진정한 작용 방식을 은폐하는 이데올로기다. 그 이론들에 대한 효과적인 비판은 단순히 그들[자본주의적 기업·국가·산업·금융]의 비인간성을 드러내는 수준에 머물러서는 안 된다. 우리는 그 이론들이 그들[자본주의적 기업·국가·산업·금융]의 체제 내에 존재하는 모순과 체제에 대한 저항 가능성을 어느 정도까지 숨기는지도 알 필요가 있다.

이것은 다른 한 가지 문제, 즉 신자유주의가 왜 그토록 강력해질 수 있었는지 하는 문제와 관계 있다. 신자유주의에 반대하는 사람들 가운데 많은 사람들이 그 이유를 다국적 기업의 음모와 교묘한 이데올로기적 기만 때문으로 여기는 경향이 있다. 이해 당사자들이 사태를 자신들에게 유리하게 조작하기 위해 갖는 비밀 회합이 음모라면, 음모는 실제로 존재한다. 자본가들은 늘 이 일을 해 왔고, 앞으로도 언제나 그럴 것이다. 2백 년도 더 전에 애덤 스미스가 지적했듯이, "누구든지 장인들은 좀처럼 단합하지 못한다고 생각하는 사람은 이 문제 못지않게 세계에 관해서도 무지하다."[59] 그러나 음모만으로는 오늘날 신자유주의의 영향력을 충분히 설명할 수 없다. 30년 전에만 해도 사뭇 다른 교의가 지배 집단들 내에서 동등한 위력을 갖고 있었기 때문이다. 신자유주의와 세계화 사상의 위력에 대해서는 피에르 부르디외의 다음과 같은 말보다 더 나은 설명은 없다. "공유된 신념의 효과로서 …… '신지식인들'의 활동은 국가의 후퇴에 우호적인 분위기를 창출하고 그럼으로써 경제의 가치관에 대한 복종을 만들어 냈다."[60]

마르크스와 반자본주의

이 사태에 대해 이해하기를 진정으로 원한다면 마르크스로 돌아가는 것말고는 달리 도리가 없다. 자본주의를 비판하는 사람들 가운데 많은 사람들이 마르크스에게 흥미가 없다. 첫째로는 스탈린주의의 절정기에 마르크스 사상을 왜곡한 설명이 널리 퍼졌던 탓이고, 둘째로는 1970년대에 특정 지식인 집단들 안에 존재한 난해한 학술적 마르크스주의 때문이다. 그러나 마르크스는 체제 분석의 기초를 놓았는데, 바로 그 기초가 오늘날 세계화와 신자유주의 비판자들이 강조하는 모든 비인간적인 특징들을 이해하고 그에 맞서 싸울 수 있는 열쇠를 제공한다.

청년 마르크스는 1830년대 말과 1840년대 초에 유럽 대륙의 특징이었던 반봉건적 억압에 대한 자유 민주주의적 반대자로 출발했다. 그러나 머지 않아 그는 낡은 방식과 나란히 출현하고 있었고 북해 건너편 영국에서 이미 성공을 거둔 새로운 자본주의적 사회 편제 방식이 그 나름의 착취와 억압 형태를 특징으로 갖고 있음을 깨닫게 됐다. 그는 이 신흥 체제의 작용 방식과 그에 대항한 투쟁 방법을 이해하기 위해 씨름하기 시작했다. 이것은 마치 오늘날 시애틀의 '사상적 지도자들'이 전 세계적인 다국적 자본주의 체제가 제기한 똑같은 문제들과 씨름하고 있는 것과 마찬가지였다.

마르크스의 출발점은 그가 '소외'라고 부른 현상이었다. 그는 이 새로운 체제의 작용 방식을 발견하기 시작했고, 그 결과 그는 가장 두드러진 체제 옹호자들이었던 애덤 스미스와 데이빗 리카도와 같은 정치경제학자들의 저작을 비판적으로 읽는 일에 착수했다. 그의 결론은 비록 그 체제가 인간이 생산할 수 있는 부의 양을 엄청나게 증대시켰지만, 또한 대다수 사람들은 이 부의 혜택을 누리지 못한다는 것이었다.

노동자가 더 많이 생산할수록 그는 더 적게 소비해야 한다. 더 많은 가치를 창조할수록 그는 더 하찮아지고 무가치해진다 …… [체제는] 노동을 기계로 대체한다. 그러나 그것은 한 부문의 노동자들을 야만적인 형태의 노동으로 되돌려 놓으면서 다른 부문의 노동자들을 기계로 바꾼다 …… 체제는 지성을 만들어 내지만 노동자에게는 어리석음을 가져다 준다. …… 노동이 부자들을 위해 놀랄 만한 것들을 생산한다는 것은 사실이다. 그러나 노동자를 위해서는 궁핍을 생산한다. 노동은 궁전을 만들어 낸다. 그러나 노동자에게는 오두막집을 지어 준다. 노동은 멋쟁이를 만든다. 그러나 노동자에게는 기형을 가져다 준다. …… 노동자는 노동하지 않을 때만 자기 자신을 느낄 수 있고 노동할 때는 자신을 느낄 수 없다. 그는 일하지 않을 때 편안함을 느끼고, 일하고 있을 때는 편안함을 느끼지 못한다.

노동자는 살기 위해 일한다. 그는 노동을 자기 삶의 일부로 여기지 않는다. 오히려 자기 삶의 희생으로 여긴다. …… 그가 자기 자신을 위해서 생산하는 것은 자기가 짜는 비단이 아니고, 광산에서 캐내는 황금도 아니며, 자기가 짓는 궁전도 아니다. 그가 자기 자신을 위해서 생산하는 것은 임금이다. 그리고 비단, 황금, 궁전이 변해 그에게는 일정량의 생계 수단으로, 아마도 솜옷이나 약간의 동전이나 지하실의 임시 숙소로 바뀔 것이다. 12시간 동안 천을 짜고, 실을 잣고, 구멍을 뚫고, 선반을 돌리고, 집을 짓고, 삽질하고, 돌을 깨고, 짐을 나르는 등의 일을 하는 노동자는 이 12시간의 천 짜기, 실 잣기, 구멍 뚫기, 선반 돌리기, 집 짓기, 삽질하기, 돌 깨기를 자기 삶의 표현으로, 삶으로 여길까? 그와는 반대로, 그의 삶은 이런 활동이 중단될 때, 즉 식탁에서, 선술집에서, 잠자리에서 시작된다.

나오미 클라인의 저작에서 하루 1달러의 벌이로는 결코 입을 수 없는 값비싼 디자이너 옷을 재봉하고 있는 것으로 묘사된 인도네시아나 중미의 젊은 여성 의류 노동자들, 자신은 절대로 떼어 가지지 못할 농작물을 생산하는 농업 기업으로 토지가 넘어가는 바람에 자기 땅을 잃어버린 인도 민중, 세계적으로 '너무 많은' 철강이 생산되기 때문에 직장에서 쫓겨난 미국의 철강 노동자들, 이들에게 마르크스의 말이 어떻게 적용되는지 이해하는 것은 어렵지 않다. 그러나 마르크스가 단순히 이런 사정을 기록하기만 한 것만은 아니었다. 마르크스 전에도 그런 것을 기록한 사람들이 있었고, 그가 죽은 다음에도 오랫동안 그런 일을 계속한 사람들이 많았다. 마르크스는 또한 사반 세기의 힘겨운 지적 작업을 통해 이 체제가 어떻게 생겨났는지, 어떻게 체제에 반대하는 세력들이 창출되는지 이해하기 위한 노력을 시작했다.

그는 '생산수단'을 소유한 소수파 계급이 사람들이 적절한 생계를 꾸려 나가는 데 필요한 도구나 설비 같은 과거 노동의 산물들을 독점하게 된 데서 자본주의의 기원을 발견했다. 그 때문에 다수는 이 소수에게 자신들의 노동(더 정확히는 노동할 수 있는 능력, 즉 '노동력')을 파는 것 외에는 달리 선택의 여지가 없었다. 그렇지 않으면 굶어 죽는 수밖에 없었다. 그러나 그 덕분에, 부를 소유한 소수 사람들은 노동자들이 생산할 수 있는 상품의 가치보다 더 적은 대가를 그 노동에 지급할 수 있는 처지에 놓일 수 있었다. 그들은 노동자들의 노동 가운데 일부를 공짜로 가져갔다. 이 '잉여가치'에서 이윤과 배당과 이자와 지대가 나왔다.

그와 동시에, 이 소수 사람들이 소유하고 있는 기업들은 서로 경쟁했다. 이 때문에 각 기업은 경쟁 상대보다 더 빨리 확장하려고 애썼다. 확장은 각 기업이 자기 노동자들을 되도록 열심히 일하게 함으로써 잉여가치량을 끊임없이 극대화함으로써만 가능했다. 그 결과는 대중의 경제적 복리를 증진시키는 것과는 아무 상관도 없는 경제 성장이라는 불합리였다. 마르크스가 ≪자본≫에서 썼듯이,

> 축적하라, 축적하라! 이것이 모세와 예언자들의 말씀이다! 저축하라, 저축하라, 즉, 최대한 많은 잉여가치나 잉여 생산물을 자본으로 전환하라. 축적을 위한 축적, 생산을 위한 생산. 고전 정치경제학은 바로 이런 공식으로 부르주아지의 역사적 임무를 표현했다.[61]

대중을 속박하는 체제는 다음과 같은 식으로 출현했다.

노동자에 대한 자본가의 지배는 인간에 대한 사물의 지배, 산 노동

에 대한 죽은 노동의 지배, 생산자에 대한 생산물의 지배다. 노동자를 지배하는 수단이 되는 상품들은 …… 실제로는 생산 과정의 산물이기 때문이다. …… 그것은 노동자 자신의 사회적 노동이 소외되는 과정이다.[62]

개별 자본가는 대중에게 이런 과정을 강요하는 인간 도구 행위자(매개자)다. 그러나 그들이 자본가로 남아 있기 위해서는 달리 어쩔 도리가 없다. 경쟁 상대 자본가들이 획득하는 이윤에 필적할 만한 이윤을 얻지 못한다면, 그들은 업계에서 쫓겨나거나 경쟁 상대에게 먹힐 것이다. 이 점에 관한 한 자본가들은 노동자들과 마찬가지로 체제의 포로들이다. 그들이 엄청난 특권을 가진 포로라는 점을 제외한다면 말이다. 그래서 "체제의 희생자로서 노동자들은 처음부터 반란과 연관지어 그것을 대하고 그 과정을 노예화로 인식"하는 반면에, 자본가들은 "그 소외 과정에 정착해 있으면서 그 속에서 최고의 만족을 찾는다."[63]

이 자본가들은 '소외된 노동'의 세계, 즉 인간 노동의 산물이 독자적인 생명을 지니고서 인간을 지배하는 세계 전체를 주관한다. 이것은 노동과 주기적 실업을 끝없이 강요하는 세계, 과잉 생산과 기아의 세계, 농촌에서 도시로 사람들을 쫓아내는 세계, 그 사람들이 도시에서 일자리를 얻지 못하는 그런 세계다. 이 과정에는 끝이 없다. 자본이 강력해질수록 더 많은 사람들이 생계 수단을 얻으려고 자본을 위한 노동에 의존하게 된다.

그들이 자신의 노동 능력을 자본에 팔 때마다 자본은 그들로부터 더 많은 노동을 추출하고 더 강력해진다. 그들이 유리한 처지에 있고 이럭저럭 한동안 임금을 올릴 수 있다 하더라도 이 과정은 멈추지 않는다. "자본이 급속히 성장하고 있으면 임금이 상승할 수 있지만 자본의 이윤은 이와 비교가 안 될 정도로 더 빨리 상승한다. 노동자의 물질적 지위는 개선됐지만, 그의 사회적 지위를 희생시킴으로써 그럴 수 있었다." 여전히 임금 노동은 "부르주아지가 자기 뒤에 임금 노동을 질질 끌고 다니게 해 주는 수단인 황금 사슬을 스스로 벼리고 있다."[64]

마르크스와 엥겔스는 ≪공산주의자 선언≫의 유명한 문장에서 자본주의 체제가 어떻게 서유럽의 본거지에서 퍼져 나와 전 세계를 포함했는지 묘사했다.

> 부르주아지는 끊임없이 팽창하는 생산물 시장에 대한 필요성 때문에 지구 표면 전체를 훑게 된다. 부르주아지는 어느 곳에서나 둥지를 틀어야 하고, 정착해야 하며, 연고를 맺어야 한다.
> 부르주아지는 세계 시장 개척을 통해 모든 나라의 생산과 소비에 세계적인 성격을 부여했다. 반동주의자들은 대단히 억울하겠지만, 부르주아지는 산업이 딛고 서 있던 일국적 기반을 제거해 버렸다. 기존에 확립된 낡은 일국적 산업들은 이미 파괴됐거나 날마다 파괴되고 있다. 더 이상 토착 원재료를 가공하지 않고 가장 먼 곳에서 끌어온 원재료를 가공하면서도, 그 생산물이 국내에서뿐 아니라 지구상의 모든 곳에서 소비되는 …… 새로운 산업들이 그 낡은 산업들을 몰아내고 있다. ……

낡은 지역적·민족적 단절과 자급자족 대신에 모든 방면에서의 상호 교류와 민족들 간의 보편적인 상호 의존이 출현했다.

부르주아지는 모든 생산 도구의 급속한 향상을 통해 …… 모든 민족이 부르주아 생산양식을 채택하지 않으면 소멸할 것이라고 위협하면서 그렇게 하도록 강요한다. 부르주아지는 모든 민족에게 자기가 문명이라고 부르는 것을 도입하라고, 즉 스스로 부르주아지가 되라고 강요한다. 한마디로, 부르주아지는 자기 자신의 모습대로 세계를 창조한다.[65]

이런 일이 벌어지고 있는 동안, 마르크스의 그림에는 뭔가 다른 것이 끼여들었다. 대자본가들이 소자본가들을 업계에서 몰아내거나 인수함으로써, 마르크스가 "자본의 집적과 집중"이라고 부른 현상이 나타났던 것이다. 이것은 장기간 진행된 과정이었고, 그 사이에 새로운 소자본가들이 계속 출현했다. 오래되고 확고한 기반을 가진 기업들이 무시했던 새로운 생산 부문에서 특히 그랬다. 그러나 자본의 집적과 집중 경향은 시간이 지남에 따라 뚜렷해졌다. 자본주의를 변호하는 경제학자들이 소기업의 역할에 대해 뭐라고 말을 늘어놓든지 간에, 갈수록 한줌의 대기업들이 체제를 주름잡게 됐다.

이것은 노동자들에게 끝없는 불확실성을 가져다 주었다. 그들의 생계가 아무리 안전해 보여도, 그들을 해고하고 사업을 다른 곳으로 옮기는 것이 사용자인 자본가에게 수지맞는 일이 아닐 것이라는 보장은 결코 없었다. 오히려 그가 노동자들이 더 가혹한 노동조건이나 임금 삭감을 참는다는 데 동의하지 않는 한 그들을 해고하고 사업을 다른 곳으로 옮기겠다는 주장이 적어도 있었다. 그리고 노동자들에게는 다른 곳에서 더 현대적인 설비로 사업을 시작하거나 더 낮은 임금을 받아들일 태세가 된 노동자들로 사업을 시작한 경쟁 업체에 의해 자기 회사가 파산하지 않을 거라는 궁극적 확실성도 없었다.

고통받는 것은 기존 노동자들만이 아니었다. 자본이 더 강력해짐에 따라, 전에는 자본에 종속되지 않았던 모든 생산 분야를 전복할 수 있는 힘이 더해졌다. 마르크스는 《자본》에서 자본주의가 출현했을 때 각 단계마다 농촌의 관계들이 어떻게 변모했는지 묘사했다. 구래의 농민 계급이 파괴되면서, 한편에는 소수의 자본주의적 농장주들이, 다른 한편에는 생계 수단을 얻기 위해 부득이 남을 위해 노동하지 않을 수 없는 대다수 사람들이 존재하게 됐다. 그는 잉글랜드·스코틀랜드·아일랜드의 토지에서 일어나고 있던 일들에 관한 당대의 증언들을 널리 인용했다. 농촌의 인구 감소, 가옥의 파괴, 남은 사람들의 빈곤화에 관한 설명은 오늘날의 제3세계 나라들에 대해서도 타당하다.[66] 그래서 마르크스는 예컨대 스코틀랜드의 고지대가 더 넓은 자본주의 경제로 편입되는 과정이 어떻게 그 지방의 외관을 바꾼 이중의 과정을 포함하고 있었는지 묘사했다. 즉, 처음에는 소작농을 쫓아내고 그 땅을 양 치는 목장으로 바꾸었다가 그 다음에는 전에 생산적인 토지였던 곳으로까지 숲이 확대되는 것이 허용되자 양 대신 사슴을 키웠던 것이다.[67]

그러나 마르크스는 다른 것도 지적한다. 소외된 노동의 세계는 정태적인 세계가 아니다. 과거 노동의 지속적인 축적과 생산 수단의 지속적인 확대 덕분에 인류 역사상 그 어느 때보다 더 많은 부를 생산할 수 있게 된다.

부르주아지는 채 1백 년도 안 되는 지배 기간에 과거의 모든 세대들을 합친 것보다 더 많고 더 거대한 생산력을 창출했다. 인간에 대한 자연력의 종속, 기계, 공업과 농업에 화학의 응용, 증기선, 철도, 전신, 경작을 위한 전 대륙의 개간, 운하 건설, 마치 땅에서 솟아난 듯한 주민들. 과거에는 그러한 생산력이 사회적 노동의 품 속에서 잠자고 있었으리라고 감히 상상이나 했겠는가?[68]

하지만 부가 그렇게 증대할 때마다 노동으로 그것을 창조한 사람들을 더욱 억압하는 데 도움이 되기도 한다. 마르크스가 썼듯이 "인류의 진보"는 "달콤한 과즙을 마시는 것이 아니라 죽은 사람의 해골에서 솟는 물을 마시는 무시무시한 이교도의 우상"과 닮았다.[69]

그러나 과거에는 꿈에 불과했던 방식으로 사람들의 필요를 충족시키기 위해 이 부를 통제하고 생산을 재조직할 수 있는 잠재력이 존재한다. 자본주의적 축적은 인간의 소외가 최고로 표현된 것이다. 그러나 그것은 또한 소외를 혁명적으로 폐지하기 위한 기초, 적어도 선석기 시대 이래로 인류 대다수의 운명이었던 결핍과 노역이 없는 사회를 창조하기 위한 기초를 놓는다.

마르크스주의와 20세기

마르크스는 1880년대 초에 죽었다. 그 때문에 그는 주로 영국 자본주의의 발전에 근거해 자신이 묘사한 추세들이 세월이 지나며 어떻게 진행됐는지 확인할 기회를 가질 수 없었다. 그러나 20세기 초엽에 저술 활동을 한 마르크스주의자들은 그럴 수 있었다. 오스트리아인 루돌프 힐퍼딩은 은행과 같은 금융 기관들과 주식 시장이 갈수록 큰 역할을 하게 됐으며, 이와 함께 각 나라 내부의 기업들과 국가 사이의 관계가 깊어지면서 '금융 자본'이 출현했다고 서술했다.[70] 로자 룩셈부르크는 유럽과 미국의 자본가들이 시장과 원재료를 구하려고 온 세계를 돌아다니다가 다른 나라들을 식민지와 종속국으로 만들었고, 그 과정에서 그 민중을 가난에 빠뜨리고 있다고 서술했다.[71] 니콜라이 부하린과 블라지미르 레닌은 '국가 독점 자본주의'의 등장을 분석했다. 그들은 각 나라 자본주의 기업들과 국가가 융합해 제국을 분할하는 경향이 커지고 있다고 지적했다. 제국 분할은 '평화적인 경쟁'을 통한 이윤 획득을 보완하는 방법이었다. 그리고 제국 분할의 불가피한 결과는 세계를 재분할하기 위한 열강들 간의 전쟁이었다. 레온 트로츠키는 심각한 경제 위기와 노동자 운동의 위협에 직면한 지배계급이 자신들의 지위를 유지하는 수단으로서 중간계급의 파시스트 대중 운동 지도자들에게 기댈 태세가 돼 있음을 보여 줬다. 비록 그 결과가 전에는 꿈꾸지도 못한 규모의 야만주의일지라도 말이다.

힐퍼딩·룩셈부르크·부하린·레닌·트로츠키가 분석한 세계는 마르크스의 묘사와는 여러 측면에서 매우 달랐다. 마르크스의 경제 저작들에서는 언급이 거의 없었던 국가와 전쟁이 커다란 구실을 하게 됐다. 독점 기업들의 가격 조작, 국민 국가들 간의 무역 협상, 금융 시장과 상품 시장에 대한 금융업자들의 책략도 마찬가지였다. 더욱이 마르크스 시대에는 압도적으로 유럽과 북미에 근거지를 뒀던 체제가 이제는 갈수록 전 세계를 자본주의적 거래망과 생산망에 옭아매면서 확장하고 있었다.

그러나 한 가지 매우 중요한 연속성이 존재했다. 체제 전체를 움직이는 동력은 여전히 노동자에게서 노동을 쥐어짜내고, 그것을 자본, 즉 '죽은 노동'으로 바꾸는 데 있었다. 자본의 세계일주는 세계 인구 대다수가 살아가면서 벗어날 수 없는 한계를 부과했다. 죽은 노동의 이 거대한 축적을 지배하는 자들 간의 경쟁 드라이브(몰이)가 바로 제1차세계대전과 1930년대 초의 대공황을 초래했다.

국가 개입의 정점

힐퍼딩·룩셈부르크·레닌 등등이 지적한 거대한 추세, 즉 산업체 경영자들과 국가 사이의 통합 증대는 제2차세계대전을 전후로 더욱 속도가 붙었다. 전쟁과 경제 위기에 직면한 국가는 국내 기업들을 서로 합병하고 그 기업들의 활동을 국가 관료의 활동에 맞춰 조정하기 위해 개입했다. 이탈리아의 파시스트와 독일의 파시스트(나찌)가 그 선두에 섰고, 전쟁이 일어나자 영국과 미국도 그 전철을 밟았다. 이들보다 약했던 자본가 계급들도 국가를 물자 동원에 이용함으로써만 자신들의 국제적 경쟁자들과 맞설 수 있다고 느끼면서 마찬가지로 움직였다. 우익 정권 하의 폴란드, 포퓰리스트 정권 하의 브라질, 페론 파 정부 하의 아르헨티나 같은 다양한 나라들이 모두 국유화와 흔히 어느 정도의 '계획'을 채택했다. 전후 몇 십 년 동안 새로 독립한 많은 제3세계 나라들이 같은 길을 걸었다. 그리고 영국과 프랑스와 같은 나라들조차 교통·수도·전기·발전뿐 아니라 상당수의 중요 생산 기업들을 국가가 경영했다. 영국의 항공사들을 국유화한 것은 체임벌린의 보수당 정부였고, 프랑스의 르노를 국유화한 것은 드 골 정부였다.

당시 세계의 또 다른 중요한 특징이었던 스탈린주의도 이런 맥락 속에서 이해할 수 있다. 습관적으로 좌파는 스탈린주의를 사회주의의 한 형태로— 이런저런 정도로 왜곡됐을지라도— 봤다. 지금은 스탈린주의를 자본주의와 근본적으로 다르지만 더 나쁜 형태의 사회로 보는 것이 유행이다. 그러나 스탈린주의는 경제의 국가 통제가 끊임없이 증대한 결과 그 극단에 이르게 된 사회 형태로 보는 것이 타당하다. 그것은 마르크스 시대의 구식 자본주의와 마찬가지로 경쟁적 축적의 압력을 받는 경제로서 국가 자본주의의 완전한 형태였다.

스탈린주의 경제는 러시아 혁명 직후인 1920년대 초가 아니라, 반혁명에 힘입어 새로운 착취 계급이 등장한 1920년대 말에 출현했다. 새로운 착취 계급은 공업화를 통해 기존의 중요한 자본가 계급들을 따라잡을 때만 이들이 지배하는 세계에서 자신의 지위를 유지할 수 있었다. 스탈린은 한 세기도 더 전에 영국의 산업혁명에서 사용됐던 방법 중 많은 것 — 농민을 토지에서 몰아내고, 노동자의 실질임금을 억제하고, 아동 노동을 이용하고, '굴락'이라는 거대한 강제 노동 체제를 수립하는 것 — 을 소련 내에서 그대로 흉내냄으로써 그렇게 했다. 그리고 다른 많은 공업 저발전국들이 그랬던 것처럼, 민간 자본가들이 하려 들지 않거나 할 수 없는 과제를 실행하기 위해 국가에 의지함으로써 그 모든 일들을 했다.

1930년대 초부터 1970년대 중엽까지 줄곧 거의 모든 나라에서 국가는 핵심적인 자본주의 생산에 가장 중요한 구실을 했다. 이런 구실을 정당화하는 교의는 지역마다 달랐다. 서방에서는 주류 경제학자인 J M 케인스의 이름을 딴 케인스주의가 주된 교의였다. 그는 국가 개입이 1930년대 초 대공황 뒤에 자본주의를 살릴 수 있는 유일한 방법이라고 생각했다. 소련 블록은 — 그리고 서방과 제3세계에서 소련 블록의 방법을 찬양한 사람들 속에서는 — 스탈린주의 교의가 지배했다. 이 교의는 1956년 이후에 다양한 이름으로 불렸다. 제3세계에서는 '개발주의'가 유행했다. 이것은 외국의 경쟁을 차단하고 새로운 산업을 건설하기 위해 국가에 의지함으로써 공업화를 성취하려는 교의였다.

어떤 교의가 이용됐든지 간에, 각국이 추구했던 정책에는 공통된 요소가 있었다. 기업들은 자기네 시장에 어느 정도의 안정성을 제공하기 위해 국가에 기댔고, 국가는—적어도 큰 나라의 국가는—현대 경제의 요건들을 갖추는 데 필요한 일련의 산업들을 국경 안에 가질 수 있게 되기를 기대하면서 국가적 산업 역량을 건설하기 위해 기업들에 기댔다.

이 시기에 철저한 혁명을 피하면서 자본주의를 개혁하고 싶어했던 사람들은 모두 자신들의 목적을 달성하기 위해 국가 개입에 의지했다. 선진국에서 케인스주의자들은 그러한 개혁을 통해 자본주의를 구할 수 있다고 말했고, 사회민주주의자들은 그러한 개혁을 통해 사회주의로 급격한 변화의 필요성을 없앨 수 있다고 말했다. 제3세계에서는 공산당, 사회민주당, 포퓰리스트 정치인, 그리고 중간계급 지식인들이 모두 국가 개입을 통해 그 나라의 착취 계급과 노동자와 농민이 함께 동맹함으로써 제국주의 열강의 경제적 지배를 분쇄하고 경제 성장을 이룰 수 있다고 봤다. 이것이 완수돼야만 비로소 노동자들이 자신들의 권력을 쟁취하기 위해 싸울 수 있다는 것이다. 경제의 '세계화'로 말미암아 국가 권력이 점차로 훼손되고 있는 것이 핵심 문제라고 생각하는 오늘날의 활동가들은 자꾸만 그런 생각으로 돌아가고 싶어한다.

그러나 이처럼 국가를 자본주의를 인자하게 관리할 수 있는 매개자로 여기는 것은 국가란 무엇인지에 대한 매우 근시안적인 견해에 근거하고 있다. 국가는 살인이 직업인 "무장한 사람들의 기구"를 핵심으로 한다. 국가가 산업을 지도한 시기였다고 해서 민중이 좋은 대우를 받았던 것은 아니다. 이 시기는 찰리 채플린의 <모던 타임스>나 디에고 리베라의 디트로이트 벽화에 묘사된 기계 부속품과 같은 것이 노동자의 삶에 대한 지속적 이미지였던 시기이다. 이 시기는 독일의 나찌 정권과 홀러코스트[대학살]라는 최악의 공포, 1940년대 초 영국이 지배한 벵골에서 벌어진 약 4백만 명의 기아 사태, 프랑스가 인도차이나와 알제리에서 벌인 식민지 전쟁, 미국의 베트남 전쟁 등이 있었던 시기이다. 이 시기는 또한 옛 소련에서 스탈린의 강제 공업화가 공포를 자아낸 시기이기도 하다. 1960년대 후반의 브라질처럼 흔히 군부 독재가 라틴 아메리카를 지배한 시기도 이 시기였으며, 1958~60년 중국에서 "대약진 운동"이라는 즉석 공업화가 미수에 그치면서 수백만 명이 굶어 죽은 시기도 이 시기였다.

자본주의는 이 시기에도 줄곧 세계를 지배했다. 그 앞 시기와 그 뒤 시기에 그랬던 것처럼 말이다. 그리고 자본주의의 지배에는 그 전 인류 역사에 알려진 어떤 공포와도 견줄 수 없는 공포가 수반했다. 그 시기의 자본주의를 향수를 가지고 되돌아보는 것은 오늘날 존재하는 공포 때문에 겨우 몇 십 년 전에 존재했던 공포는 기억하지 못하는 것일 뿐이다.

제2차세계대전 이후 30년 동안 자본주의 체제가 상당한 경제 확장을 할 수 있었으며, 그 시기 동안 세계의 일부 민중이 지배자들에게서 생활수준 개선이라는 양보를 얻어 낸 것은 사실이다. 그러나 그 때조차도 확장의 동력은 지배자들의 선의나 합리성이 아니었다. 오히려 냉전 때문에 전 세계적인 군비 지출 수준이 평화시에는 전례를 찾아볼 수 없을 정도로 증대했던 것이 그 동력이었다.[72] 냉전이 한창이던 1950년대 초에 세계에서 가장 부유한 나라인 미국에서 생산된 부의 약 5분의 1이 직접·간접으로 군사 예산으로 배정됐고, 미국보다 가난한 경쟁 상대인 소련은 추산컨대 그 두 배의 비율을 군사비로 배정했다.

그러는 동안에도 자본주의의 구래의 논리는 계속 작용하고 있었다. 거대 기업들은 소기업들을 인수하거나 업계에서 몰아내기를 계속함으로써 마침내는 소수의 '독과점' 기업들이 나라 경제의 주요 부문들을 지배하게 됐다. 예컨대 영국에서는 총 600~800명의 중역들이 경영하는 약 200개의 기업이 총생산의 절반 이상을 생산했다. 그리고 세계 대부분의 농촌 지역에서는 자본주의 농업에 고용된 임금 노동자들이 자신의 땅뙈기를 경작하는 영세 농민들을 대체하면서 도시로의 대규모 이주가 일어났고, 그에 따라 농업은 갈수록 영국에서 개척된 패턴과 비슷하게 변해 갔다.

이 과정은 유럽과 북미에서 가장 멀리까지 진행됐다. 프랑스·이탈리아·아일랜드·스페인 같은 나라들에서는 1950년대 초에 30~40퍼센트를 넘었던 농업 인구가 1970년대 중엽에는 20퍼센트 미만으로 감소했다. 그러나 이런 현상은 '세계화'라는 말이 생겨나기 오래 전에, 한때 식민지였던 나라들에서 일어난 현상이기도 하다. 예컨대 인도의 펀잡과 같은 지역에서 가장 비옥한 토지는 갈수록 임금 노동을 고용한 — 그리고 "녹색 혁명"과 관련된 새로운 종자·펌프·비료를 구입할 수 있는 — 중규모의 자본주의적 농장주 손에 들어갔다. 알제리에서 프랑스의 지배가 끝난 뒤 실시된 토지 개혁에서 이득을 본 것은 빈농이 아닌 주로 자본주의적 농장주라는 신흥 중간계급이었다. 어느 곳에서나 자본주의는 자신의 모습을 본따 사회를 뜯어고치고 있었다.

신자유주의의 탄생

급속한 경제 확장 단계는 1970년대 중반에 갑자기 끝났다. 때때로 경제사학자들이 "자본주의의 황금 시대"라고 불렀던 것은 이제는 '납의 시대'에 길을 내주었다. 많은 나라들이 잇달아 충격적 경제 위기를 경험했다. 이전 시대를 풍미했던 케인스주의·스탈린주의·개발주의 교의들이 모두 무너져 버렸다. 지배계급과 그에 봉사하는 지식인들이 처음에는 대개 통화주의로 불렸고 그 다음에는 '쌔처주의' 또는 '레이건주의'로 불렸고 지금은 신자유주의로 불리는 교의로 갑자기 대거 개종한 것은 바로 그 때였다.

그러한 개종이 부르디외가 암시하듯 단순히 신자유주의 사도들이 행한 교활한 선전의 결과였던 것은 아니다. 오히려 그것은 그 전 시기에 경제 운영을 주관하고 그로부터 이득을 본 다양한 집단이 잇달은 경제 위기에 부딪혀 사회의 나머지에 자신들의 이익을 강요하려고 필사적으로 애쓰는 것을 반영했다. 그렇게 한 첫번째 집단은 세계 최대 기업들의 최고경영자들이었다. 노력을 기울이지 않아도 시장이 증대했던 몇 십 년이 끝나자 갑자기 그들은 사업을 구조조정하고 이윤의 새로운 원천을 찾을 필요에 직면하게 됐다.

구조조정은 생산의 '합리화' — 노동자들을 해고하고 공장 문을 닫는 것 — 와 기존의 일국적 기반을 넘어 확장하는 것 모두를 뜻했다. 그렇기 때문에 보통은 해외 시장에 더 많이 침투하고, 느린 속도나마 국제적인 경계를 가로질러 생산을 편제하는 일이 강조됐다(언제나 그랬던 것은 아니다. 예컨대 크라이슬러와 브리티시 레일런드의 합리화는 해외 사업을 포기하는 것이었다).

새로운 이윤은 전에는 손 댄 적이 없는 잉여가치 원천을 찾아내야만 얻을 수 있었다. 그런 원천 하나는 과거에는 민간 자본이 감당할 수 없었기 때문에 — 민간 자본의 사업에 직접·간접으로 필요했는데도 — 국가가 경영했던 산업과 서비스였다. 이제는 성장할 만한 사업이 돼 버린 것을 인수하는 것은 이윤이 엄청나게 많이 남는 일이었다. 더구나 자기 제품의 소비자들에게 민간 자본이 사실상의 세금을 물릴 수 있게 해 주는 독점 사업일 경우에는 특히 그랬다. 또 다른 원천은 무역과 외채 협상 과정에서 세계 최강대국들, 특히 미국의 권력에 기대어 약소국의 경제로부터 자원을 장악하는 것이었다. 마지막으로, 어느 나라에서나 이윤에 대한 조세 부담을 임금과 소비재에 떠

넘김으로써 납세 후 이윤을 늘릴 수 있었다.

이데올로기로서 신자유주의는 국가 개입을 반대할지라도, 이러한 정책들의 실행은 언제나 — 적어도 최강대국 간의 교섭에서는 — 국가에 의지했다. 바로 이 때문에 신자유주의 정책을 국제적인 무역·사업 회담을 통해 실행하는 일이 결코 순조롭지 않았다. <파이낸셜 타임스>는 바나나 수입을 놓고 유럽과 미국 사이에 벌어진 말다툼처럼 사소해 보이는 일 때문에 "대서양을 사이에 두고 보복의 강도가 높아지면, 이미 약화된 WTO가 굴복할 수도 있다"는 점을 여전히 걱정하고 있다.[73] 또한, 1997년에 아시아를 강타한 위기와 같은 국제 금융 위기가 또 닥쳤을 때 IMF가 개입하려면 어떤 준비를 해 놓아야 하는지에 대해서도 대처하기가 비슷하게 어려운 논쟁이 벌어지고 있다.[74] 신자유주의 '이론가들' 자신은 이런 갈등에 대해 손쉬운 해결책을 갖고 있지 않다. 왜냐하면 그들의 신조가 비록 국가의 불개입을 설교하고 있어도 그것은 서로 그리고 세계의 약소국들과 알력을 빚고 있는 미국과 유럽 열강과 일본의 국가 - 산업 복합체들에 필요한 것들을 반영하는 이데올로기이기 때문이다.

대거 신자유주의로 개종한 두번째 집단은 국가를 운영하는 자들이었다. 완전 고용이 이뤄진 장기 호황기[제2차세계대전 이후 거의 30년 동안]에 그들은 다양한 복지 혜택과 서비스로 노동자들을 달래지 않으면 안 됐다. 대량 파괴 무기, 감옥, 법원 등을 갖춘 일단의 무장한 사람들에게 기반을 둔 주요 국가 기관에 '복지 국가'가 부가돼 발전했다. 경제 확장 덕분에 이윤이 증대할 때만 자본가들은 복지 제도를 일종의 필요악으로서 허용할 태세가 돼 있었다. 하지만 일단 이윤이 압박을 받기 시작하자 그들은 복지를 삭감하려고 별의별 압력을 다 가했다. 국가를 운영하는 자들은 운신의 폭이 없어졌다. 그들은 이 압력에 감히 저항하지 못했다. 압력에 저항하려 한 시도들은 국제수지 위기, 통화의 대량 해외 유출, 심지어는 국가 파산 위험으로까지 이어졌다. 그들은 단순히 복지 제도를 쉽게 해체해 버릴 수도 없었다. 그렇게 하면 거대한 사회적 혼란이 일어날 위험이 있었기 때문이다. 그들이 할 수 있었던 것은 이[복지] 서비스의 생산자와 소비자를 서로 반목시키기 위해 경쟁 메커니즘을 이용하는 것이었다. 그들은 임금과 '사회적 임금'을 위한 예산을 이런 식으로 삭감할 수 있었다.

이것은 때때로 사유화와, 특정 서비스의 공급으로부터 철저히 '국가의 후퇴'를 수반했다. 그러나 흔히 다른 방법을 통해 같은 목표가 추구됐다. 정부 부서의 예산을 제한하는 것, 지방 정부나 교육 기관의 예산을 삭감하고 삭감액을 갈수록 늘리는 것, 국가가 운영하는 제도들(영국의 국민보건서비스(NHS)와 교육 제도 같은) '내부'에 시장 메커니즘을 도입하는 것이 그런 방법이었다. 국가는 이런 경우들에는 '후퇴'하지 않았다. 하지만 국민의 대중에게 가하는 압력을 증대시킴으로써 국가는 자기 국경 안에서 사업을 하는 자본가들의 수익성을 개선하는 일을 목표로 삼았다.

사유화는 국가를 운영하는 자들에게 또 다른 이득을 주었다. 그들은 과거의 국가들이 징세 사업을 민간 개인들('세금 징수 청부인')에게 외주를 줬던 것과 흡사한 방식으로 사유화를 이용할 수 있었다. 사기업들에게 미래 수입을 얻을 수 있는 권리를 판매함으로써 국가는 현재 제공하고 있는 특정 서비스들을 위한 돈을 마련할 수 있었다(가장 최근에는 이동 전화에 대한 권리를 '경매'에 붙였을 때 이런 일이 일어났다. 미래의 전화 사용자들에게 독점 가격 — 사실상 세금 — 을 매길 권리를 사기업들에 줌으로써 영국 정부는 약 2천8백만 달러를 모았고, 독일 정부는 약 4천2백만 달러를 모았다).

신자유주의로 개종한 세번째 집단은 선진 공업국이 아닌 나라들의 지배계급이다. 1940년대부터 1970년대까지 그들 대부분은 어느 정도가 됐든 국가 자본주의를 통해 자신들이 지배하는 공업을 건설하려 했다. 당시는 세계적인 호황기였지만, 그럼에도 그 일은 힘든 일이었고, 흔히 그 주민들은 큰 대가를 치러야 했다. 세계 호황의 종말, 그리고 1970년대 중반과 1980년대 초와 1990년대 초의 잇달은 경제 위기는 그런 노력에 큰 어려움을 안겨 줬다. 전에는 국가 자본주의 '계획'에 헌신했던 지배자들이 조만간 세계 시장에 편입되려 애쓰는 것으로 전환했다. 1970년대 중반에 이집트·폴란드·헝가리·유고슬라비아, 1980년대에 여러 라틴 아메리카 나라들과 인도, 1990년대에 옛 소련 블록 전체와 아프리카 대부분의 나라들에서 이런 일이 일어나기 시작했다. 국가가 보호하거나 경영하는 산업 복합체들을 책임지고 있던 자들은 이런저런 다국적 자본의 하위 파트너가 되는 것이 개인적으로는 더 이득이었기 때문에, 자신들의 친구인 국가 관료들과 함께 나라 경제에 대한 독점에 가까운 지배를 포기하는 데 사실상 동의했다.

1970년대 중반에 이집트를 시장에 개방한 자는 다름 아닌 1950년대와 1960년대에 나세르의 국유화 조치들을 적극 지지했던 '자유 장교단' 출신의 사다트였다. 인도에서는 1960년대에 국가 통제를 설교했던 바로 그 국민회의가 1980년대 말에는 통제를 해제하기 시작했다. 중국에서는 1950년대 초에 획일적인 국가 자본주의 경제를 확립하는 데 이바지했던 덩 샤오핑이 1970년대 말에 시장으로, 1980년대에는 서방 다국적 기업들로 방향을 바꿨다.

수전 조지는 제3세계 지배계급들이 IMF와 세계은행의 구조조정 계획을 매우 기쁘게 따라왔다고 지적했다.

> 채무국의 부유하고 유력한 인사들이 반드시 이러한 위기 대처 방식을 불쾌하게 생각하는 것은 아니다. 구조조정 덕분에 노동자들의 임금이 억제되고, 노동조건과 보건과 안전과 환경에 관한 현행 법들은 쉽게 조롱당할 수 있다. …… 그들의 관심은 외채의 낙진을 대부분 피해, 갈수록 세계화하고 있는 엘리트 대열에 속함으로써 뉴욕이나 파리나 런던의 상대역들과 대등한 수준에서 놀게 되는 데 있다.[75]

지난 20년 동안 인도나 멕시코와 같은 나라들에서는 시장 보호기에 설립됐던 기업들 일부가 이제 독자적인 다국적 기업들로 변모하기 시작했다. 그 기업들은 제너럴 모터스나 마이크로소프트나 몬산토처럼 크지는 않을지라도, 야심만은 같은 곳을 향해 있다.

신자유주의 교의를 채택한 마지막 집단은 과거에는 국민 경제 안에서 실행되는 국가 주도 개혁을 신봉했던 지식인들에 속했다. 영국에서 지금 사유화를 열심히 추진하고 있는 현 정부 각료 대부분은 1970년대 말과 1980년대 초에 국가 개입과 수입 규제에 바탕을 두는 "대안적 경제 전략"에도 똑같이 열심이었던 바로 그 사람들이다. 과거 영국 공산당 주변의 <맑시즘 투데이> 지식인 그룹도 당시에는 그들과 똑같이 열광했지만 유행과 시장을 받아들임으로써, 몇 년 뒤 탄생하게 되는 블레어주의에 이데올로기적 근거를 제공했다.

페트라스와 몰리는 매우 많은 라틴 아메리카 지식인들이 1970년대의 국가 통제주의적 '개발주의'에서 1990년대의 신자유주의로 이동했다고 말하면서, "많은 좌파(사회민주주의·포퓰리스트·사회주의) 정당들과 그 지식인 이데올로그들 — 후자의 경우 주로 1960년대의 마르크스주의 지식인 출신이다 — 의 눈에 띄는 우경화"를 지적했다.[76]

여전히 세계 여러 곳에서 지식인들과 한때 급진적이었던 정치인들의 개종이 일어나고 있다. 남아공의 집권 ANC(아프리카민족회의)는 대기업과 사유화를 수용했다. 최근 수단의 한 공산당원은 수출 지향적 자유 시장 정책들만이 '개발'을 이룰 유일한 방법이라고 주장한 자기 당 지도자 하나의 성명서를 내게 보여 준 적이 있다. 이 문제에 관해서는 반다나 시바가 전적으로 옳다. "정부·정치·언론·기업에 있는 전 세계의 권력자들은 남북[각각 빈국들과 부국들을 가리킴]의 경계를 초월한 세계적 동맹으로 떠오르고 있다."[77]

과거 두세 세대의 중간계급 지식인들은 서로 다른 계급들 간의 '국민적 합의'에 바탕을 둔 경제 성장을 가능하게 하는 방식으로 국가가 자본주의를 개혁하기를 기대했다(제3세계에서는 모든 부르주아지가 아니라 일부 부르주아지만을 포함할 수 있다고 했다). 이 강령이 더 이상 유효하지 않다는 점이 분명해지자 대부분은 지배계급과 마찬가지로, 시장에 근거하며 국제적 자본 이동에 문을 열어 주는 모델로 돌아섰다. 그들은 다국적 기업들이 꾸미는 음모의 피해자가 아니라 오히려 열성적인 참여자가 됐다. 마치 과거에 경제적 후진국에서 고립적으로 산업을 건설하려는 시도가 초래한 참상에도 그들의 일부가 그 시도에 열성을 보였던 것처럼 말이다.

그러한 지식인들은 1980년대와 1990년대 초에 신자유주의로부터 득을 본 계급들을 위해 가치 있는 기능을 했다. 그들은 자본주의 자체만큼이나 오래된 추세의 가장 최근 단계를 정당화하고 국경을 넘어 확장하는 체제를 정당화하는 데에서 머무르지 않았다. 그들은 또한 자본을 위해 노동하는 사람들이 1940년대부터 1970년대 중반까지 자본의 '황금 시대'에 획득할 수 있었던 임금 인상과 노동조건 개선과 복지를 공격하기 위한 구호들을 제공했다.

　신자유주의에 대한 새로운 물결의 비판자들이 지닌 중요성은 그러한 지식인들이 퍼뜨리는 허위 주장들을 하나하나 반박했다는 데에 있다. 비록 신자유주의가 어디서 생겨났고 무엇을 대변하는지에 관해서는 분명하지 않을지라도, 신자유주의가 무엇이 잘못됐는지 알 수 있다는 것은 그들이 지닌 커다란 장점이다. 그들은 '세계화'라는 과대 광고 뒤에는 체제가 전 세계를 파멸시키고 있는 현실이 있다는 점을 알고 있다. 그러나 그들은 그 원인을 알지 못하기 때문에 대안을 제시할 때는 모순된 입장을 취한다.

한계와 모순

　무역 기구나 금융의 자유 이동이나 외채 부담은 훨씬 더 넓은 체제의 특정 측면들이다. 그 가운데 어느 것을 따로 다루려 한다면, 체제를 운영하는 자들은 흔히 그런 시도들을 쉽게 피할 수 있다. 또는 심지어 그런 시도는 체제의 참상을 한 피해자들에게서 다른 피해자들에게로 빗나가게 하는 결과를 낳을 수도 있다.

　'공정 무역'과 아동 노동에 관한 주장들이 이런 문제점을 보여 준다. 제3세계 나라들(또는 저임금에 관해서는 제1세계 나라들)의 저임금과 아동 노동을 너그럽게 보아주는 것은 크고 작은 사용자들이 극단적인 착취를 통해 사람들의 삶을 망가뜨릴 수 있게 허용하는 것이다. 그러나 단순히 이 쟁점들만 놓고 싸우는 것은 가난한 사람들이 그런 사용자들의 손아귀에 들어가게 만드는 조건을 건드리지 않은 채 놔 두는 것이다. 아프리카, 라틴 아메리카, 아시아, 옛 동유럽 블록 대부분의 가난은 아동 노동과 저임금의 존재 여부와는 상관 없이 지속될 것이다. 이 쟁점들에만 국한하는 투쟁으로는 빈곤 문제를 해결할 수 없다. 이 쟁점들을 중심으로 한 작은 승리는 더 큰 투쟁과 더 큰 승리를 위한 징검다리가 될 때만 의미심장하다.

사용자의 공장 폐쇄와 저임금 지역으로 생산 이전을 막기 위한 투쟁도 마찬가지다. 그런 투쟁을 하지 않는다면, 끝없이 이윤을 추구해 세계 이곳 저곳에서 차례로 사람들의 삶을 망치는 세계적인 초토화 전략을 생산 자본이 마음껏 사용할 수 있게 된다. 그러나 그런 투쟁들에만 국한하는 것은, 기껏해야 일시적인 유예를 얻는 것이고, 최악의 경우에는 너무도 많은 노조와 주민 지도자들이 그래 왔던 것처럼, 기업이 이전하지 못하도록 매수하라고 국가에 간청하는 것으로 끝난다. 그러는 동안에 다른 어디에선가 사람들이 저임금 일자리라도 찾도록 고민하게 만드는 가난은 없어지지 않는다. 단순히 자본의 이동 능력을 제한하려 하는 것이 아닌 자본의 권력에 국제적으로 도전하는 전략만이 이 문제를 제대로 다룰 수 있다.

외채 탕감 운동 내에서 일어나고 있는 논쟁도 매우 비슷한 원천을 갖고 있다. 채무 부담을 문제삼지 않는 것은 세계 최대 은행들이 세계 최빈민들을 갈취하는 것을 돕는 것이다. 그러나 그 문제에만 국한하는 것은 제3세계의 빈곤의 다른 원인들은 모두 미해결로 방치하는 것이다. 무엇보다, 그렇게 하는 것은 제3세계 노동자·농민·원주민에게 큰 고통을 가하지 않고 제3세계의 환경을 크게 훼손시키지 않는 방식으로 그런 문제들을 해결하기 시작하는 데 필요한 물자를 선진국들의 거대 기업과 지배계급 수중에 그대로 남겨 놓는 것이다.

많은 활동가들이 제기한 요구 하나는 국제 금융 거래에 '토빈세'를 부과하자는 것이다. 이것은 프랑스 ATTAC의 핵심 요구다. 이것은 원래 약 22년 전에 미국의 주류 경제학자인 제임스 토빈이 생각해 낸 것이다. 그는 국제 금융 거래에 약소하나마 0.5퍼센트 정도의 세금을 부과하면, 금융업자들이 취약한 통화를 투기 대상으로 삼지 못하게 될 것이며, 그러면 정부의 국민 경제 안정화 능력이 강화될 것이라고 주장했다. 이 주장은 심지어 앤서니 기든스의 마음을 움직이고, 유럽 의회의 사회민주당 소속 의원 그룹을 두 패로 분열시켰을 정도로 덕망 있는 주장이었다. 그와 동시에, 많은 활동가들은 토빈세가 그들이 세계화와 관련시키는 문제들에 대한 급진적인 해결책을 제공할 수 있다고 생각했다. 로빈 라운드는 다음과 같이 주장한다.

> 국제 금융계는 빠른 이윤을 쫓는 투자자들이 24시간 내내 큰 돈을 거는 글로벌 카지노가 됐다. 투기꾼들은 상품과 서비스 투자자들과는 달리 돈만으로 돈을 번다. 어떠한 일자리도 창출하지 않고, 어떠한 서비스도 제공하지 않고, 어떠한 공장도 건설하지 않는다.

...... 멕시코, 동아시아, 러시아, 브라질의 금융 위기가 보여 주듯이 ...... 이 게임은 패자에게 심대한 충격을 준다.
　이 세금은 위기가 발생할 가능성을 줄임으로써 금융 위기의 여파로 일어나는 파괴를 피하는 데 도움이 될 것이다. 이것은 또한 의미 있는 국제적 세입원이 될 것이다. ...... 적게 잡아도 이 세금으로 연간 1500억~3000억 달러가 생긴다고 추산되고 있다. UN은 최악의 가난과 환경 파괴를 일소하는 데 세계적으로 연간 2250억 달러가 든다고 추산한다.[78]

　정부가 가난한 사람들의 조세 부담을 부자들에게 넘기게 만들려는 노력은 무엇이 됐든 환영할 만한 일이며, ATTAC 같은 단체가 지닌 긍정적인 면이 그것이다. 그들은 부자들이 손에 쥐고 있는 막대한 부를 문제 삼는 논쟁을 열어젖혔다. 그러나 세금만으로 21세기 벽두 인류의 문제들을 해결할 수 있다고 생각하는 것은 착각이다.
　첫째, 금융의 자유 이동은 위기의 여러 원천 가운데 하나일 뿐이다. 더욱 중요한 점은 산업·상업 기업들이 경쟁에 눈이 멀어 노동자의 생활수준을 억누르는 동시에 생산 능력을 최대 속도로 확장함으로써 이윤을 증대시키는 방식이다. 그 불가피한 결과가 세계적 과잉생산 위기다. '투기적' 금융 기관뿐 아니라 제너럴 모터스, 도요타, 몬산토, IBM, 셸과 같은 '생산적' 기업들이 그런 위기의 배후 원흉들이다.
　둘째, 토빈세는 금융 투기꾼들의 활동을 저지할 수 있을 만큼 강력한 장치가 아니다. 케인스주의 경제학자인 P 데이빗슨이 설명했듯이, 토빈세로 제안된 세금 수준은 투기꾼들이 멕시코·동남아시아·러시아·브라질 위기와 같은 규모의 통화 가치 하락을 예상하고 자금을 해외로 빼내 가는 행위를 막을 수 있는 수준에는 턱없이 못 미친다. 데이빗슨은 "바위 덩어리가 필요할 때 국제 금융이라는 수레바퀴 틈새의 한 줌 모래는 그런 일을 하기에" 충분하지 않다고 썼다.[79] 로빈 라운드조차도 이렇게 인정한다. "설사 토빈세가 시행됐다 해도 동남아시아의 위기를 막지는 못했을 것이다."[80]

토빈세를 세계화의 결과들을 치료할 만병통치약으로 보는 관점에는 사실 한 가지 핵심적인 모순이 존재한다. 만약에 그것이 투기적인 거래를 줄이는 데 효과가 있다면, 과세되는 거래가 지금보다 훨씬 줄어들 것이기 때문에 제안된 액수를 모으지 못하게 될 것이다. 만약에 그만한 액수를 걷을 수 있다면, 그것은 토빈세가 금융의 자유 이동을 막지 못하고, 자금 유출이 국민 경제에 미치는 파괴적인 영향을 막지 못하기 때문이다.

만일 토빈세를 부과하려 한다면 세계의 부자들은 실제로 엄청난 저항을 할 것이다. 그들은 자신들이 이용할 수 있는 모든 무기를 총동원해 토빈세를 도입하려 하는 정부를 이데올로기적·정치적·경제적으로 공격할 것이다. 그리고 토빈세가 효과적이려면 모든 주요 정부들이 동시에 세금을 부과해야만 할 것이다. 그래서 거대한 투쟁들이 없이는 토빈세를 도입할 수 없다. 체제의 다른 모든 참상은 말할 것도 없고 금융 투기에 대해서조차 정말로 토빈세는 고통 없는 해결책을 제공하자는 많은 토빈세 옹호자들의 요구를 충족하지 못한다.

'공정 무역', 아동 노동, 외채, 생산 이전 같은 쟁점들처럼 토빈세는 사람들이 체제의 측면들에 도전하게 만들 수 있다. 그러나, 또한 전자와 마찬가지로 그러한 도전은 더 많은, 더 근본적인 도전들로 나아감으로써만 효과를 낼 수 있다.

'개발주의자들'과 '전통주의자들' 사이의 논쟁이 상황 전체에서 부분적인 요소들만을 보는 이유도 비슷하다. 제3세계 나라들 대부분의 빈곤은 지난 5세기 동안의 자본주의 발전을 통해 세계의 부—전 세대 인간들의 세계적인 노동이 낳은 산물—가 한 줌의 선진국 지배계급들의 수중에 집중돼 온 방식 때문이다.

'개발주의'는 많은 지식인들의 열성적인 지지를 받아 제3세계 지배자들이 서방이 경험한 것과 비슷한 형태의 공업화와 농업 변화를 자국민들에게 강요함으로써 그러한 빈곤을 메우려고 한 시도였다. 그러나 그들은 너무 늦게 이 게임을 시작했기 때문에, 그들이 자국민에게 강요한 '희생'과 그들이 일으킨 환경 파괴는 서방의 산업혁명기에 겪은 희생과 파괴보다 훨씬 더 컸다. 그럼에도 공업화가 성공한 경우는 드물었다. 이런 길로 되돌아가는 것은 압도 다수의 노동자·농민에게 구조조정 계획과 다국적 기업들 때문에 생긴 끔찍한 참상의 대안이 결코 아니다. "전통적인 방법"을 수용하는 것 또한 대안이 아니다. 그것은 현재의 참상을 만들어 낸 근본 원인인 세계 체제에 대한 진정한 도전을 과거에 대한 낭만적 이미지로 대체하는 것이다.

칼 마르크스는 150년 전에 비슷한 주장들과 씨름해야 했다. 자본주의가 사람들에게 자행하고 있었던 일들에 대한 가장 신랄한 비판의 일부는 산업혁명에 대한 낭만적 비판자들에게서 나왔다. 그들은 산업혁명이 사람들을 비인간화하고 있던 방식은 알 수 있었지만, 대안을 과거에서 찾았다. 마르크스는 그들에 관해 다음과 같이 썼다.

최초의 풍요로의 복귀를 동경하는 것은 지금의 완전한 결핍 때문에 역사가 정지됐다고 믿는 것만큼이나 우스꽝스런 일이다. 부르주아적인 관점은 자신과 이 낭만적 관점 사이의 이러한 대립을 뛰어넘어 나아가 본 적이 없다. 그 때문에 낭만적 관점은 부르주아적 관점이 축복받은 종말을 맞이할 때까지 부르주아적 관점의 정당한 대립물로서 그것을 따라다니게 될 것이다.[81]

전통적인 농업과 국내 생산의 세계로 되돌아가려고 하는 것은 현 체제의 비인간성을 해결할 수 있는 방법이 아니다. 오히려 자본주의적 착취가 창조한 막대한 생산적 자원을 장악해 인간의 진정한 필요들을 충족하는 데 사용할 방법을 찾아내는 것이 비인간성을 해결할 수 있는 방법이다. 미국의 군사 예산에 쓰이는 액수만으로도 제3세계 모든 노동자·농민의 삶을 바꿀 수 있다. 그 돈에다가 광고와 판촉에 낭비되는 비용과, 세계 인구 절반의 소득과 똑같은 액수의 부를 지닌 200~300명의 억만장자들이 사치스런 소비에 사용하는 비용을 합치면, 제3세계의 가난을 극복하고 또 선진국 노동자들에게 그들이 원하는 더 나은 삶을 제공하기에도 충분하다. 국내주의나 전통주의로 후퇴할 필요가 전혀 없다. 그리고 그러한 후퇴는 가능하지도 않다.

자본의 축적은 그 동안 세계적인 규모로 이뤄졌다. 개발주의가 됐든 전통주의가 됐든 국내주의로는 그 결과에 대처할 수 없다. 반 세기 전에 '일국 사회주의'가 그랬던 것과 마찬가지로 현대 세계에서 국내주의가 성공할 여지는 없다. 시애틀 정서가 중요한 이유는 그것이 세계적 체제에 대한 세계적 반대가 존재한다는 점을 보여 줬다는 것이다.

체제의 특정한 결과들에 반대하는 특정한 투쟁들은 엄청나게 중요하다. 그런 투쟁들은 자본주의라는 괴물의 전진을 늦출 수 있고 심지어 때로는 즉각 멈춰 세울 수 있다. 그런 투쟁들은 체제 내에서 고통당하는 사람들 중 적어도 일부에게는 삶을 좀 더 참을 만한 것으로 만들어 줄 수 있다. 그러나 그런 투쟁들의 진정한 중요성은 그 투쟁들이 체제의 어느 곳에서든 사람들이 체제에 맞서 싸우도록 고무함으로써 체제에 대항하는 더 광범한 운동에 기세를 더해 준다는 데 있다.

변화의 주체 문제

그럼에도 누가 그런 투쟁을 할 것인지, 동원할 수 있는 세력은 어떤 세력인지, 변화를 가져올 수 있는 힘을 지닌 세력은 어떤 세력인지 하는 문제는 여전히 해결되지 않은 채로 남는다. 신자유주의와 세계화의 비판자들은 신자유주의와 세계화의 대안 문제에 관해서처럼 이 문제에 관해서도 다양한 견해를 갖고 있다.

시애틀 시위에 참가한 활동가들 중 많은 사람들이 여전히 기존 정부들에 압력을 가하는 것을 대안으로 여겼다. 그래서 윌리엄 그라이더는 다국적 기업의 책임을 물을 수 있는 법률 개혁을 매우 강조하며, "국가 수준과 국민 수준 모두에서 이뤄지는 개혁 입법"을 주장한다. "의회는 환경 훼손에 관해 보통은 잘 모르는 외국계 지역사회들과 시민들에게 그것에 관한 확실하고 정확한 자료를 제공하라고 기업들에" 요구해야 한다.[82] 스티븐 슈라이버는 여론의 압력을 통해 각국 정부가 WTO를 개혁하지 않을 수 없게 만들 수 있다고 생각한다.[83]

다른 활동가들은 강대국들을 설득하기가 어렵다고 본다. 대신에 그들은 어떤 식으로든 제3세계 정부들이 강대국들에 대항하는 것에 기댄다. 월든 벨로는 "자기 운명에 대한 통제를 회복하기 위한 지역사회들과 국민들의 노력"에 관해 말한다. 그는 제3세계 정부들이 다수를 차지하고 있는 UNCTAD(유엔무역개발회의)를 그 일을 위한 핵심 기구로 본다. 이 기구를 통해 제3세계 정부들이 "WTO와 IMF의 권력을 축소하는 데 능동적인 구실을 할" 수 있다는 것이다.[84]

이런 관점은 제3세계 정부들에 대한 정직한 평가와는 거리가 한참 멀다. 제3세계 정부들은 모두 그 나라의 엘리트들이 지배한다. 그들은 세계 자본주의로의 통합이 자기들의 미래라고 본다. 비록 그 통합의 조건을 놓고 옥신각신하기는 하지만 말이다. 몇 안 되는 예외는 이라크나 밀로셰비치 유고슬라비아 잔류 정부 같은 독재 정권들이다[이 글은 밀로셰비치가 타도당하기 전에 씌어졌다]. 이런 나라들의 지배계급은 서방 세계 지배계급들만큼이나 주민 대중과 괴리돼 있으며, 보통은 국가 자본주의의 잔존 요소들과 엄청난 수준의 부패를 함께 보여 주고 있다. 그런 정부들을 긍정적인 방향으로 세계를 변혁할 매개자로 본다면 그것은 엄청난 순진함이다. 이런 정부들이 국제 기구에서 함께 만날 때 어떤 식으로든 그 정부들의 동기가 더 나아질 거라고 생각하는 것 또한 마찬가지로 순진한 생각이다. IMF와 WTO와 세계은행이 도둑들의 소굴이라면, UNCTAD도 마찬가지다. 다만, UNCTAD는 그리 잘 나가는 도둑들의 소굴이 못 될 뿐이다.

정부들을 설득하는 것은 명백히 어려운 일이기 때문에 많은 활동가들은 지역적 활동에 눈을 돌림으로써 국가와 다국적 기업을 회피한 채 말하게 된다. 수전 조지는 다음과 같이 말한다.

어떤 곳의 주민들은 유독성 폐기물 투기에, 어떤 곳의 주민들은 성가시고 불필요한 고속도로에, 또 어떤 곳의 주민들은 공장 폐쇄에 맞서 싸우기 때문에, 지역 차원에서는 무수히 많은 활동들이 일어난다. 이런 행동들의 일부는 예컨대 전도 유망한 단체인 '환경보존적·자주적 지역사회 운동'을 통해 연결될 수 있다. 초국적 궤도에서 이탈·탈환할 수 있는 경제 활동은 많으면 많을수록 좋다.
 수십 개의 크고 작은 도시들은 이미 지역적으로 소유되는 주식회사들을 통해 지역적 수요를 충족할 수 있는 재화와 서비스 공급을 실험하고 있다.[85]

그러나 그러한 지역 활동이 동원할 수 있는 경제적 자원은 다국적 기업들과 국가가 동원할 수 있는 자원과 비교도 안 된다. 사람들이 중세적 은둔 생활보다 별로 나을 바 없는 최소한의 생활 수준으로 살 태세가 돼 있지 않은 바에야 그러한 활동으로는 주민 대다수의 필요를 충족하기 시작할 수도 없다. 그러한 활동으로는 기껏해야 세계 체제의 파괴적인 효과는 조금도 건드리지 못하는 고립된 작은 지역을 만들 수 있을 뿐이다. 수전 조지 스스로 이렇게 강조한다.

우리가 국가가 그 특권을 유지하게 만들 수 없다면, 나는 누가 조직적 압제로부터 개인을 원천적으로 보호할 것인지 생각할 수가 없다. 국가 — 반드시 우리에게 있는 지금의 국가일 필요는 없다 — 가 없다면, 이내 맥스쿨, 맥헬스, 맥트랜스포트[다국적 기업의 지배를 받는 학교·보건·운송을 뜻함]가 탄생하게 될 것이다.[86]

이것은 그녀가 보여 준 전적으로 옳은 초기 관찰과도 맞는다.

우리는 무슨 짓이든 하려 드는 자들을 저지할 방법을 찾아야 한다.

초국적 자본주의는 스스로 멈추지 못한다. 초국적 자본주의는 초국적 기업들과 금융의 자유 이동을 통해 일종의 악의적인 단계에 도달했으며, 심지어는 그것이 의존하고 있는 몸통 — 지구 자체 — 을 약화시키면서까지 계속 인간 자원과 자연 자원을 게걸스럽게 먹고 제거할 것이다.[87]

그러나 다른 국가가 필요하다는 암시에도 불구하고 이 인용문 다음에 그녀는 기존 국가들에 압력을 가하는 일로 되돌아간다. 그녀는 "유엔과 정부 기구들의 금고에 돈을 채우기 위한" 토빈세와 "주식·채권·옵션과 그것들에서 나온 엄청난 파생 금융상품들에 대한 소액의 거래세"에 눈을 돌린다.[88]

정부에 대한 압력은 '동맹'을 통해 발휘할 수 있다고 한다. 그녀는 ≪외채 부메랑≫에서 다음과 같이 쓰고 있다.

북반구[부국들]에서 환경주의자들, 노동조합원들, 마약에 관심을 갖고 있는 사람들, 이주자 권리 활동가들, 제3세계 연대 단체나 비정부기구(NGOs) 회원들, 그리고 무엇보다도 가장 폭넓은 사람들 — 납세자 — 사이에 다리를 놓는 것. 우리는 이런 유권자 집단 각자가 대안적 정책들을 위해 협력할 필요를, 그리고 동시에 남반구[빈국들]의 각 상대역들과 효과적으로 협력할 필요를 깨닫기 바란다.[89]

시애틀에서 제3세계 농민 대표들, 프랑스의 소농들, 환경 단체들, NGO들, 제3세계 노동자들, 원주민 단체들, 그리고 — 많은 참가자들에게는 너무나 놀랍게도 — 미국의 노동조합이 함께 단결했기 때문에 많은 활동가들은 시애틀을 그러한 동맹을 건설할 수 있는 예로 여겼다. 그러나 활동가들은 이런 구성 요소들을 모두 한 덩어리로 뭉뚱그리면서 흔히 그들 사이의 차이점은 보지 못한다.

그들 가운데 어떤 성분들은 소수 활동가들의 단체들이다. 그들의 힘은 바로 그 사실 때문에 한계가 있다. 반면, 어떤 집단들은 훨씬 더 많은 사람들을 대표하려고 하는 단체들이다. 그러나 이 또한 다양하다. 예컨대 농민 단체는 동질적인 집단을 대표한다고 보기 어렵다. 왜냐하면 자본주의는 많은 나라들을 그 궤도에 끌어들이면서 농민 내부의 분화를 촉진했기 때문이다. 자본주의적 농장주가 되기를 열망하는 부농은 빈농의 토지를 사들여 몇몇 임금 노동자를 고용하고자 한다. 루이스 에르난데스 나바로가 "새로운 운동의 주축을 이루는 유럽과 일본의 농촌 생산자들"[90]에 관해 썼을 때, 그는 농업의 자본주의적 산업화 정도를 깨닫지 못하고 있다. 선진국에서 농업은 매우 수익성 높은 산업이며, 진정한 영세 소농민은 거의 없다시피 하다. 인도 같은 제3세계 나라들에서조차 농민 단체를 지배하는 것은 흔히 대농들이다. 대농은 그렇게 할 시간과 자원이 있기 때문이다. 비록 당면의 특정한 목적들(비료 가격 인하와 같은)을 놓고는 빈농과 나란히 행동할 수 있지만 그들은 근본적 이해관계가 다르다.

멕시코나 브라질 같은 제3세계 나라 빈민들 속에서 활동하는 주민 단체들의 상황은 어떤 점에서는 소농민의 상황과 비슷하다고 할 수 있다. 이런 단체들은 흔히 깨끗한 식수나 전기 같은 특정 자원에 대한 공통된 필요 때문에 생겨난다. 이 때문에 매우 전투적인 투쟁들이 벌어질 수 있다. 그러나 너무도 흔히 이 투쟁들은 부패한 정치 기구들을 지지하도록 설득당한다. 이 기구들은 그런 서비스들을 조금 제공함으로써 환심을 사며, 그렇게 함으로써 각 지역사회 안에 자신의 대리인들을 만들어 나간다. 그 결과, 부패하고 권위주의적인 정권들이 반정부 동맹을 약화시킬 수 있게 되며, 농민과 도시 빈민 주민들 속에서 자신의 네트워크를 구축하게 된다.

어떤 사람들은 NGO 자체가 변화를 이룩하는 동력이라고 본다. 에르난데스 나바로는 "현대적 컴퓨터 네트워크, 수많은 NGO의 확산, 세계적인 이동의 용이성 덕분에 국경을 뛰어넘는 저항 지대가 형성될 수 있었다"고 주장한다.[91] 많은 활동가들은 NGO가 인터넷 기술을 이용해 서로 의사소통할 수 있다는 점을 과대 평가한다. NGO들은 전략적인 목적들을 위해 분권적으로지만 신속하게 동원할 수 있는 풍부한 정보 네트워크를 구축하고 있다. 그러나 단순히 이런 식으로 NGO를 찬양하기만 하면서 그들을 변화의 주체로 여기는 것은 한 가지 기본적인 사실을 망각하는 것이다. 즉, NGO 자체는 소수로 이뤄진 단체로, 로비·압력단체 정치를 뛰어넘어 국가와 다국적 기업들에게 정책을 강제하려면 광범한 층의 사람들을 동원할 줄 알아야 한다. NGO는 자체의 힘으로는 다국적 자본주의를 "저지"한다는 수전 조지의 목표를 달성할 수 없다. NGO는 이보다 작은 — 그러나 결코 코웃음칠 수 없는 — 목표는 이룰 수 있다. 다국적 자본주의가 하려는 일을 널리 알리는 것이 그것이다. 그러나 다국적 자본주의를 저지하려면 그들이 동원할 수 있는 다른 동력이 필요하다. 일부 NGO들이 최근 몇 년 간 단순한 로비에서 벗어나 활동가적 선동으로 옮겨 온 이유는 바로 이 때문이다.

NGO 중심 전략의 지지자들은 흔히 멕시코의 사례를 지적한다. 1994~95년에 멕시코 정부는 NGO들의 세력 결집 때문에 치아파스 주의 마야족 원주민들 속에서 활동하는 사파티스타 운동을 분쇄하는 데 곤란을 겪었다. 그들이 간과하고 있는 점은 국가가 계속 그 운동을 탄압하는 것을 NGO들이 막을 수 없었다는 것이다. 사파티스타 운동은 여전히 멕시코의 주요 공업·농업 지역들에서 멀리 떨어진 지역에 머물렀고, 멕시코 자본주의는 곧 원주민 반란을 무시해 버릴 수 있게 됐다. 2000년 7월 선거에서 구래의 권위주의가 약화된 덕분에 이득을 본 것은 신자유주의 반대 세력이 아니라 신자유주의 대통령 후보인 폭스였다.

또한, 대다수 NGO들은 단일 쟁점에 관심을 기울이기 때문에 때때로 기존 체제의 지지자들을 돕거나 지지하도록 설득당할 수 있다는 점도 덧붙일 필요가 있다. 이 점은 수전 조지가 외채 탕감 운동들에 관해 지적한 바다. 정부에게서 양보하겠다는 제안을 받은 외채 탕감 운동은 때때로 제3세계의 가난을 사실상 줄이지 못하는 계획들을 지지하는 것으로 끝났다. 인권 단체들에도 때때로 똑같은 일이 벌어졌다. 1991년 걸프 전쟁과 1999년 발칸 전쟁 동안 어떤 인권 단체들은 미국 주도 동맹군을 지지했는데, 동맹군의 적들이 자행해 온 끔찍한 인권 전력이 그 이유였다. 실은 오랫동안 미국 정부는 세계적 맹주권이라는 미국의 목표를 은폐하는 수단으로 인권을 언급해 왔다. 일부 인권 단체들은 이런 평계를 꿰뚫어보았지만, 일부는 그렇지 못했다. 중요한 것은 NGO들이 세계적 체제에 반대하기보다 단일 쟁점에 관심을 기울이는 한, 이런 식으로 이끌릴 수 있다는 것이며, 그것도 사태가 전개되고 있을 때 그럴 수 있다는 것이다. 그래서 미국 국무부의 랜드 법인이 발표한 멕시코 사파티스타 운동에 관한 최근의 한 연구는 서방 자본주의의 이익을 지키기 위해 NGO를 이용하는 전략을 암시하고 있다.[92]

수전 조지는 동맹의 확장을 촉구하면서 기존 동맹의 한계를 특별히 언급한 바 있다. ≪루가노 리포트≫에서 그녀는 이렇게 썼다. "힘의 우위가 변하면 자기 쪽의 수와 세력 그리고 동맹 결성 능력을 평가할 필요가 있다. …… 세대간·부문간·경계간 동맹을 이뤄야 하며, 때로는 가장 속마음을 알기 어려운 상대와도 동맹을 이뤄야 한다."[93] 그러나 여러 대목에서 그녀는, 일부 민주당 소속 의원들과 함께 자유 무역 협정 서명에 관한 클린턴의 '지름길' 재가를 저지하려 한 공화당 소속 의원들처럼 특정 다국적 사업 계획에 반대하는 우파 정치인들조차 포함하는 동맹의 확장을 암시하며, 보험 산업 같은 "초국적 기업들과도 때때로 동맹할 수 있다."고 말한다.[94]

문제는 그 같은 동맹 상대들이 수전 조지가 매우 잘 묘사한 체제의 파괴적인 동력을 저지하기 위한 일은 전혀 하지 않을 것이라는 점이다. 비록 그들이 특정한 '지나친 행위들'은 줄이는 데 반대하지 않지만 말이다. 그 동력은 근시안적이고 불합리한 축적 몰이에서 생기는데, 그들은 다른 어떤 자본주의 정치인들이나 다른 어떤 다국적 기업만큼이나 그러한 축적 몰이를 구현하기 때문이다. 그들은 그런 목표를 달성하기 위해서라면 수전 조지가 설명한 바로 그 이유들 때문에 인간과 환경에 관한 모든 고려 사항을 무시한다. 비록 그들이 경쟁 관계에 있는 정치인들이나 다국적 기업들의 특정 활동을 막기 위한 특정 장애물을 놓을 태세가 돼 있을지라도 마찬가지다. 세계적 체제에 대항하는 운동을 진정으로 강화하려면 다른 곳으로 눈을 돌려야 한다.

노동자들과 반자본주의

시애틀에서 한 가지 중요했던 요소는 많은 활동가들이 처음으로 노동자를 변화의 잠재적 동력으로 봤다는 것이다. 베트남 전쟁으로까지 거슬러 올라가는 미국 항의 운동의 경험에서 조직 노동자 계급은 항의 운동의 요구에 무관심하거나 심지어는 적대적이었다. 노동조합원들의 일부가 항의 운동에 참가해 온 경험이 미국보다 많은 유럽 활동가들 사이에서조차 선진국 노동자들을 제3세계를 등쳐먹고 살아가는 '노동 귀족'으로 여기는 경향이 강했다. 그러나 시애틀에서 미국의 노동조합들은 자기 조합원들이 항의 시위를 지지하고 강화하도록 이끌었다. 많은 사람들에게는 선진국에서 일자리를 지키고 유연 노동에 반대하는 투쟁이 갑자기 환경 파괴와 제3세계 빈곤에 반대하는 투쟁의 일부가 될 수 있는 듯했다.

그럼에도 시애틀 이후에 활동가들이 쓴 글 대부분은 왜 노동자들이 항의 운동에 참가할 수 있는지에 관한 이해가 결여돼 있으며, 여전히 노동자들을 다국적 기업의 음모에 대항할 때 다른 동맹자들과 나란히 놓이는 또 하나의 동맹자로만 여기는 경향이 있다. 이것은 세계 자본주의를 단지 소수 기업 경영자들의 음모로만 보지는 않는 전면적인 이해가 없기 때문이다. 그 글들은 세계 체제를 축적된 잉여가치의 체제로 보지 않는다. 21세기 벽두인 지금 존재하는 잉여가치 대부분은 임금 노동자에 대한 착취에서 비롯한다. 더욱더 많은 잉여가치를 쥐어짜려는 시도가 체제를 돌아가게 만든다는 인식이 빠져 있다. 노동자들은 그 때문에 체제의 어디에서도 내일 그들의 조건이 오늘과 똑같을 것이라는 점을 안심할 수 없다.

여전히 선진국 노동자들을 체제의 특권적 협조자로 취급하는 경향이 있다. 그들이 대개는 제3세계 민중 대다수보다 높은 생활수준을 누린다는 사실이 이런 견해를 확증시켜 주는 듯하다. 그러나 체제가 어떻게 작용하는지를 분석하지 못하기 때문에 그런 견해가 나온다. 잉여가치 축적 몰이가 자본주의 기업들을 움직인다. 그 때문에 자본주의 기업들은 가장 이윤을 많이 남기며 사람들을 착취할 수 있는 곳에 투자한다. 21세기 벽두인 지금 그런 투자는 선진국들과 한줌밖에 안 되는 '신흥 공업국들'에 집중돼 있다. 자본가들이 가장 손쉽게 잉여가치를 얻을 수 있는 곳은 바로 이 곳들이다. 이는 다양한 역사적 이유들 — 이 나라들에서 확보된 자본 축적, 운송, 에너지와 수자원의 사회 기반 시설, 4~5세대에 걸친 의무교육 덕분에 글을 읽고 쓸 줄 알고 수리적 지식이 있는 노동의 거대한 풀 — 로 인해 선진국의 노동이 다른 곳의 노동보다 더 생산적이며, 따라서 잉여가치를 더 많이 생산하기 때문이다.

흔히 자본주의 아래서 가장 가난한 사람들은 가장 착취받는 사람들이 아니라 체제의 개발에서 배제돼 온 사람들이다. 장기 실업자들이 그러하다. 장기 실업자들의 가난은 그들을 고용해 착취하는 것이 수익성이 없다는 자본주의의 판단 때문에 생기는 것이다. 제3세계 대도시에 존재하는 막대한 수의 빈민들 또한 그러하다. 제3세계 대도시의 빈민들은 자신의 생계 수단에, 그리고 자본주의의 이윤을 만들기 위한 수단에 접근하는 것을 자본주의가 기껏해야 간헐적으로만 허용하기 때문에 고통받는 것이다. 그들의 불쌍한 삶은 체제에 대한 강력한 고발장이지만, 체제가 계속 돌아가게 만드는 원천은 주로 다른 곳, 즉 체제가 고용하고 있는 노동자들에게 있다. 체제의 경쟁력과 이윤 증대 몰이는 불가피하게 노동자들과의 반복적인 충돌을 부른다.

대부분의 투자가 선진국에서 이뤄진다면, 자본은 선진국 노동자들의 임금과 노동조건에 압력을 가해야 한다. 그 때문에 더 큰 '유연성'을 위한 지속적인 압력이 가해지고, 노동자들이 일자리를 위해 서로 경쟁하도록 만드는 노력이 기울여지며, 보건의료·연금·실업수당을 삭감하는 '개혁'이 실행된다. 이것은 미국과 유럽 노동자들의 사회 심리에 장기적인 효과를 미치고 있다. 1960년대와 1970년대에 미국과 독일 노동자들은 30~40년 전을 돌이켜 보면서 자신들이 얼마나 잘 살게 됐는지 체감했다. 오늘날 노동자들은 30~40년 전을 돌이켜 보면서 자신들이 얼마나 더 많이 일하게 됐는지, 얼마나 더 불안정해졌는지 체감한다. 예컨대, 1990년대 초에 프랑스에서 피에르 부르디외와 그의 동료들이 수십 건의 인터뷰를 해 펴낸 ≪세계의 무게≫라는 책에는 이런 느낌이 스며들어 있다.[95]

한편, 제3세계와 옛 '공산주의' 나라의 지배자들은 자국의 노동자들과 농민들을 선진국의 노동자들보다 훨씬 더 많이 쥐어짜자는 데서 IMF·세계은행과 같은 의견이다. 그 결과 일련의 구조조정 계획, 복지예산에 대한 맹렬한 공격, 보건·교육 사유화, 식료품·운송에 대한 보조금 폐지가 실행된다.

신자유주의는 자본주의의 이익을 위해 사람들의 삶을 악화시키키 일에 열심이다. 그러나 사람들이 그저 물러나 앉아 이런 일이 자신들에게 일어나는 것을 방관하는 일은 좀처럼 없다. 그들은 이런저런 방식으로 자신들의 조건을 지키려고 한다. 흔히 그들의 반발은 지역적이고 방어적이다. 세계 어느 나라의 어떤 신문을 보더라도 그러한 반발 — 병원 폐쇄, 보건소의 의약품 부족, 버스 요금 인상, 식료품 보조금 폐지, 교육비 부담,

수세 신설, 공장이나 관공서의 일자리 삭감에 대한 항의 — 에 관한 보도 기사가 산재해 있다. 흔히 사람들은 자기 지역의 항의 운동과 세계 체제라는 큰 그림을 연관시키지 못한다. 그들은 자신들의 문제가 부패한 정치인, 특별히 간악한 고용주, 서투른 지방 자치단체, 권위주의 정권 때문에 생긴다고 생각한다. 시각의 이러한 협소함 때문에 서로 다른 항의 운동들이 자기 문제들의 진정한 원천에 대한 일반적 공격으로 확대되는 것이 어려워질 수 있다.

그러나 전체 체제의 여러 양상들을 사람들이 깨닫게 해 주는 일반화된 반응도 반감 때문에 생겨날 수 있다. 1980년대에 신자유주의에 맞선 최초의 방어 투쟁들에서, 예컨대 1984~85년 1년 동안 지속된 영국 광부 파업과 1986~87년 뉴스 인터내셔널 인쇄공들의 파업에서 그런 일이 어느 정도 일어났다. 1995년 11~12월 프랑스를 뒤흔든 분노에 찬 항의 행동과 파업에서도 그런 일이 다시 일어났다.

2000년 상반기에는 노동자들과 원주민들의 폭발적인 항의 시위로 에콰도르 정부가 일시적으로 전복됐고, 아르헨티나·남아공·나이지리아에서 총파업이 일어났고, 브라질에서 무토지 농민들의 거대한 항의 행동이 일어났고, 과테말라에서 공공요금 인상에 항의하는 폭동이 일어났고, 노르웨이에서 공공부문 파업이 일어났고, 독일에서는 일어날 뻔했다. 이 투쟁들은 런던·시애틀·워싱턴 등지에서 일어난 거리 항의 행동과 꼭 마찬가지로 세계 자본주의의 동역학에 대한 반발이었다.

노동자들은 거리 시위자들이 할 수 없는 체제에 도전할 수 있는 힘을 가지고 있다. 노동자들은 상시적인 기반 위에서 작업장들과 광역 도시권에 집중돼 있다. 그리고 바로 그들의 노동이 체제를 앞으로 나아가게 하는 잉여가치와 가치를 생산한다. 노동자들이 이 힘을 발휘하지 않는다면, 그것은 노동자들에게 그렇게 하기 위한 자신감이나 인식이 없기 때문이다. 진지한 반자본주의 활동가들은 단순히 체제에 반대하는 시위에서 벗어나 이 힘을 사용하는 방법을 발견해야 한다. 폴란드 태생의 독일 혁명가 로자 룩셈부르크는 1919년 1월 살해당하기 직전에 이렇게 썼다. "자본주의의 사슬은 그것이 벼려지는 곳에서 깨뜨려야 한다."

항의 운동의 동력

성공적인 항의 운동은 모두 두 국면을 거친다. 첫번째는 항의 운동이 불쑥 세상에 나타나 그 적들을 기습하고 그 목적에 동의하는 사람들에게 기쁨을 가져다 주는 국면이다. 지난번의 위대한 항의 운동 이래로 시간이 오래 지났으면 오래 지났을수록 그만큼 기쁨도 크다. 그리고 그 때는 그 운동의 운동량 자체만으로 힘에 힘을 더하면서 운동은 계속 전진하기만 할 것처럼 보인다. 이 때문에 운동의 지지자들은 단결하게 되고, 오래된 의견 차이들과 오래된 전술 논쟁들을 경시하게 된다.

그러나 항의 운동의 표적이 돼 있는 자들은 그냥 포기하지 않는다. 일단 애초의 충격이 끝나면, 그들은 방어를 강화하고 다시는 기습받지 않기 위한 채비를 하려 하며, 운동의 전진을 막으려 한다. 이 시점에서는 운동 내부에서, 심지어 의견 통일을 위해 낡은 논쟁을 잊자고 맹세했던 사람들 사이에서조차도 불가피하게 전술에 관한 논쟁이 일어난다.

예컨대 1950년대 말 영국의 핵무기 반대 운동에서 이런 일이 일어났다. 예기치 않았던 성공에 대한 도취는 3년 뒤에 노동당의 정책을 바꾸기를 바라는 사람들과 대중적인 비폭력 직접행동을 믿은 사람들 사이에서 일어난 첨예한 전술 논쟁으로 바뀌었다. 10년 뒤 미국의 베트남 전쟁 반대 운동에서도 똑같은 논쟁이 일어났다. 정부에 압력을 가하려 노력하는 것이 대안인가, 아니면 사회를 혁명적으로 바꿀 세력을 찾는 것이 대안인가?

이 논쟁들을 해결하지 못하면 운동은 정점에 도달하자마자 너무도 쉽게 파편화돼 효과적으로 조직되지 못하기 시작할 수 있다. 토니 클리프가 자주 얘기했듯이 그런 운동은 로켓 탄처럼 솟았다가 막대기처럼 떨어진다. 시애틀에서 갑자기 세상에 나타났던 운동은 아직 정점을 지나지는 않았다. 그러나 해결되지 않는다면 파편화와 퇴조를 부를 수도 있는 문제들이 제기되면서 논쟁과 양극화가 나타날 초기적 조짐들이 이미 존재한다. 논쟁은 런던에서 벌어진 5월 1일 시위에 참가한 다양한 세력들 사이에서 가장 격렬했다.

약간의 재산이 사소한 손상을 입자 — 맥도날드 점포의 유리창, 윈스턴 처칠 동상의 칠, 제1·2차세계대전 전사자 기념비 표면이 몇 줄 긁힌 것—언론은 예상대로 시끄럽게 떠들었다. 이보다는 예상이 어려웠지만, 5월 1일 시위 주최의 초점인 '거리를 되찾자'의 웹사이트에서는 진지한 논쟁이 벌어졌고, 운동에 동조한 가장 저명한 기자인 <가디언>의 조지 몬비엇은 항의 운동가들의 행동을 신랄하게 비난했다. 그는 "운동은 ······ 줄거리를 잃었다."고 썼다. "운동은 일관성 없는 동시에 경박하고 위험한 자경단의 연합체로 바뀌었다. 군중 속의 좀도둑들은 상점을 부수고 전사자 기념비를 손상시켰다."[96]

그러나 5월 1일 이후에 일어난 논쟁은 완전히 새로운 것은 아니었다. 논쟁은 이미 시애틀 직후에 고개를 들기 시작했다. '글로벌 익스체인지'의 지도적 인물로서 시애틀을 주최하는 데 중요한 구실을 한 미디어 벤저민은 시위 뒤에 다음과 같이 썼다. "시애틀의 대규모 비폭력 항의 시위는 단체들이 행한 몇 개월에 걸친 연합체 건설 과정의 절정이었다." 그러나 "소수의 항의 시위자들은 그에 아랑곳하지 않고 유리창을 부수고, 쓰레기통을 넘어뜨리고, 약탈을 자행함으로써, WTO 대표들과 상점 종업원들과 고객들에게 폭력을 휘두름으로써, 시애틀 도심을 낙서로 뒤덮음으로써, 가장 종파적인 방식으로 연대 의식과 집단적 응집력을 깼다." 이것은 "일반 대중의 눈에는 부정적인 모습이었다."[97]

미디어 벤저민은 이 책임을 아나키스트 단체들에게 돌렸다. 비록 재빨리 모든 아나키스트들을 뜻하는 것은 아니라고 덧붙

였지만 말이다. 조지 몬비엇은 더 나아갔다. 그는 재산을 공격한 아나키스트 단체들뿐 아니라 '거리를 되찾자' 주최측도 비난받아야 한다고 주장했다. 비록 후자는 평화적인 항의 시위를 원했지만 말이다. 그들의 잘못은 어떤 행동이 이룰 수 있는 성과의 한계를 이해하지 못한 데 있다는 것이었다.

비폭력 직접 행동은 잘못된 명칭이다. 그것은 물리적 행동을 통해 세계를 바꾸려는 직접 시도가 아니라, 정치 연극을 통해 마음과 생각을 사로잡음으로써 소홀히 여겨지고 있는 쟁점들에 주목을 끌기 위한 생생하고 상징적인 수단이다.

이런 행동은 때때로 "도로나 공항 건설"의 속도를 늦추는 일 같은 작은 목적은 달성할 수 있어도 더 많은 일을 하기 위해서는 "그런 목적을 유발하는 정책에 대한 더 광범한 민주적 공격의 일부여야 한다." '거리를 되찾자' 시위는 "실행 가능한 대안을 분별했다면, 세계 자본주의에 대한 공격을 지속시킬 수 있었을지도 모른다. 그러나 정치 변화에 대한 명확한 제안이 없었으므로 지난해 6월 18일과 올해 메이 데이의 항의 행동은 모두 완전한 재앙이었다." 운동은 "거대하고 어려운 쟁점들에 빠져 허우적거렸고, 혁명가들의 언어와 행동을 흉내냈지만 혁명적 강령은 없었다." 더욱이,

의견 일치라는 신화 때문에 문제는 더 복잡해진다. 직접 행동 운동

은 그 운동이 위계적이 아닌 운동이라고 주장하지만, 그것은 한 번도 사실이었던 적이 없다. 어떤 사람들은 불가피하게 다른 사람들보다 열심히 활동하며, 운동 안의 다른 누군가가 동의하든 않든 일을 추진한다. …… 그러나 운동 주최자들은 위계는 존재하지 않는다고, 그들이 시작한 항의가 사람들의 자생적인 반란이었다고 스스로를 납득시키면서 자신들의 행동에 대한 책임을 털어 버린다.

계속해서 그는 이러한 선견지명과 책임의 부족 때문에 아나키스트들이 특유의 행동을 할 수 있었다고 주장했다. "세계 자본주의를 저지하기 위해 국회 광장을 파내는 것은 너무나 쓸모없고 전적으로 실망스럽고 힘 빠지는 일이었으므로 좀더 성급한 항의 시위자들이 뭔가 강한 인상을 주고 극적인 일을 하고 싶었다 해도 그것은 거의 용서받을 수 있었다."[98]

몬비엇의 논리는 어느 선까지는 나무랄 데가 없다. 시위와 비폭력적 도로 봉쇄는 사람들의 분노와 염원의 초점이 될 수 있다는 점에서 매우 중요할 수 있는 상징이다. 시애틀이 확실히 그랬으며, 몬비엇의 주장에도 불구하고 1999년 6월 런던 시 금융가에서 벌어진 반자본주의 항의 운동도 마찬가지였다. 그러나 시위와 도로 봉쇄는 그저 상징일 뿐이었다. 소집단의 폭력 행동도 마찬가지다. 비록 그런 행동이 좀더 심각한 의도를 보여 주는 듯하지만 말이다. 왜냐하면 그런 행동은 어떤 식으로든 체제를 당장 중단시킬 수 없으며, 잉여가치의 생산과 유통, 그리고 그것에서 비롯하는 그 모든 참상을 끝낼 수 없기 때문이다. 소외된 노동의 세계 전체는 거리에 수동적으로 앉는 것과 마찬가지로 유리창을 깨는 행동으로는 정지시킬 수 없다.

그러나 몬비엇이나 다른 많은 이들은 단순히 상징적인 행동에 의존하는 것이 아닌 그들 나름의 대안을 밝히지 못한다. 몬비엇은 웨스트민스터 광장의 항의 행동과 런던 지방 선거를 대립시키면서 항의 행동이 "15년만에 급진 정치 앞에 놓인 최상의 선거적 기회를 위험에 빠뜨린다."고 주장했다.[99] 미디어 벤저민은 "적극적이고 포괄적이며 민주적인" 선거 운동 덕분에 "기업들이 가장 잔인하고 가장 폭력적인 기업 정책들 일부를 바꾸지 않을 수 없다."고 말했다.[100] 그러나 의석 몇 개를 얻거나 기업의 최악의 소행 몇 가지를 중단시키는 것 자체로 세계 체제의 광기를 중단시키지는 못하며, 심지어 그 속도를 늦출 수도 없다. 사실, 몬비엇과 벤저민은 모두 문제의 논쟁적인 글들을 발표한 이래로 이 점을 인정해 왔다. 몬비엇은 여전히 몇몇 형태의 직접 행동은 지지한다. 벤저민은 로스앤젤레스의 민주당 전당대회장 바깥에서 열린 항의 시위를 확대하는 데 중요한 구실을 했고, 캘리포니아의 11월 선거에서 양대 기성 정당을 반대함으로써 새로운 운동의 초점이 됐다. 아나키스트들의 행동에 대한 올바른 비판 때문에 다국적 기업들과 IMF와 세계은행과 WTO와 각국 정부 안에 있는 그들의 간판 인사들과 맞서 싸울 수 있는 모종의 쉽고 비폭력적인 방법이 있다고 믿어서는 안 된다.

우리는 1970년대에 수많은 나라들에 존재했던 반체제 운동이 겪은 운명으로부터 무언가 배울 수 있다. 그 운동들은 1980년대에 대개 두 방향으로 갔다. 한편으로, 많은 활동가들은 평화와 환경을 지향하는 새로운 비위계적 정당들이 의회의 본질을 바꿀 수 있다고 호언장담하면서 의회의 길을 밟았다. 1990년대 말에 그들의 '녹색'당들은 독일·프랑스·이탈리아 정부에 입각해 나토의 전쟁을 지지하고 핵발전소 해체 계획을 취소하는 한편으로, 내부적으로는 다른 주류 정당들과 똑같은 위계적 원리에 따라 운영됐다.

다른 한편, 소수 집단은 의회주의에 반발하면서 '자율주의' 정치를 선택했고, 자본주의 사회 주변에 있는 자신들만의 고립지에서 살려고 했다. 때때로 그들은 일종의 의식(儀式)이 돼 버린 재산에 대한 공격과 경찰과의 충돌을 위해 마스크로 얼굴을 가리고 거리로 나왔다. 그들은 화염병을 던졌지만, 경찰은 맞공격을 하면서 즐거운 표정으로 눈에 보이는 모든 사람들에게 최루탄을 쏘아 댔다. TV 뉴스에는 무질서가 집중 보도되고, 그 다음에는? 모든 것이 정상으로 되돌아왔다. 변한 것이라고는 한때 자신들을 배출했던 운동이 갈수록 작아지고, 선거의 길을 선택한 자들은 더욱더 의회주의자가 되고, 경찰은 갈수록 강해지는 것뿐이었다.

의회주의 방식과 아나키스트-자율주의 방식은 모두 그들이 공통으로 지니고 있는 것 때문에 실패했다. 체제와 대결할 수 있는 세력이 존재한다는 것을 볼 수 없었던 것과 그 세력을 조직하려는 노력을 하지 않았던 것이 그것이다. 그리고 자신들이 반대하는 체제에 진정으로 맞서 싸울 수 있는 힘이 없는 운동은 무슨 운동이든 그 체제와 타협하는 모종의 길을 찾으라는 엄청난 압력을 받게 된다. 체제와의 평화 공존 또는 심지어 체제에 대한 묵종이 체제에 대한 체계적인 반대를 대신하게 된다.

체제에 대한 체계적인 반대를 유지하려면, 사람들이 착취당하고 억압당하는 체제 내 모든 곳에서 자본주의적 세계화에 맞서 일어나는 일상 투쟁들과 거리에 나와 항의 행동을 하는 반자본주의 소수파의 주동성·행동력·이상주의를 서로 연결시킬 필요가 있다.

그런 연결을 만드는 일에 소수 전위의 폭력 행동은 거의 도움이 되지 않는다. 그런 행동은 체제의 수호자들이 자기 적들을 상대로 훨씬 더 큰 수준의 공식 폭력을 사용하는 데 편리한 구실을 제공한다. 흔히 규율 있는 대중 운동의 비폭력 행동은 다국적 기업들과 국가의 본질적으로 폭력적인 성격이 얼마나 심각하고 중요한지 사람들에게 이해시키는 데 이바지할 수 있다. 그러나 그렇다고 해서 비폭력만으로 체제를 깨뜨릴 수 있는 것은 아니다. 자본주의 역사에서 거듭거듭 지배계급들은 비폭력을 자랑으로 삼는 운동들을 가장 끔찍한 수준의 폭력으로 파괴했다. 1871년 파리 꼬뮌에서, 1933년 독일 노동자 운동에서, 근래의 일로는 1973년 아옌데 정부 하의 칠레에서 그런 일이 일어났다. 체제의 폭력에 대한 해답이 소수 전위의 폭력에 있지 않은 한편, 비폭력 원칙에도 있지 않다. 오히려 그 해답은 반대편의 폭력에 대항하는 데 필요한 수단을 모두 사용할 필요를 이해하는 대중 운동이 발전하는 데 있다. 차티스트였던 브론테어 오브라이언은 1830년대에 이렇게 썼다. "부자들은 지금 그 어느 때보다도 …… 무자비하고 단호하다. …… 그런 적에 맞서 도덕적 힘을 얘기하는 것은 웃기는 짓이다. 인간성 쪽으로 그들을 다스릴 힘은 오직 압도적인 세력에 대한 압도적인 공포뿐이다."

조직 문제

새로운 대중 운동이 출현할 때마다 그 운동의 가장 인상적인 측면은 사람들이 솔선수범하고 상상력이 풍부한 행동에 참여해 엄청난 창발성을 보여 주는 것이다. 전에는 그들이 천일 밤의 소일거리에 허비했던 그 모든 정신적 에너지들이 이제는 운동을 전진시키고 운동의 문제를 해결하는 데로 돌려진다. 흔히 이 때문에 사람들은 조직 문제와 이데올로기적 방향 문제라는 낡은 문제를 뛰어넘어 나아갔다고 믿게 된다. 그래서 예컨대 나오미 클라인은 시애틀과 워싱턴의 거리로 나왔던 운동이 낡은 조직 형태를 초월했다고 본다.

지난해 11월 시애틀 거리에서 세계의 주목을 받았던 반기업 항의 운동은 본부와 연례 선거와 산하 기초 조직과 지부가 있는 정당이나 전국적 네트워크가 결속시킨 것이 아니다. 그 운동은 개별 조직자들과 지식인들의 사상이 발전시켰지만, 그들 가운데 어느 누구를 지도자로 받들지는 않는다.
 이러한 대중적 수렴은 수백 개 또는 수천 개의 자율적인 바퀴살이 모아지는 활동가적 바퀴 축이었다. 이러한 운동들이 매우 분산적이라는 사실이 응집력 없음과 파편화의 원천인 것은 아니다. 오히려 그것은 진보적인 네트워크들 내부에 전부터 존재하던 파편화와 더 폭넓은 문화에서 이뤄진 변화 모두에 대한 합리적이고 심지어는 천재적이기까지한 각색이다.
 이러한 자유방임적 조직 모델이 지닌 커다란 강점 가운데 하나는 주로 그것이 표적으로 삼고 있는 기관들과 기업들의 조직 원칙과는 매우 다르기 때문에 통제하기가 너무나도 어렵다는 점이 입증됐다는 것이다. 이 모델은 기업의 집중에 파편화의 미로로 대응하며, 세계화에는 그 나름으로의 지역화로, 권력의 강화에는 급진적인 권력 분산으로 대응한다.

 나오미 클라인은 '초국적 자원과 행동 센터'의 조슈어 칼리너를 인용해 이런 조직 방식을 "세계화에 대한 의도치 않게 기막힌 대응"이라고 묘사하고, '캐나다 위원회'의 모드 발로를 인용해 "우리는 바위 덩어리에 대항해 일어섰다. 우리는 그것을 제거할 수 없기 때문에 그 밑으로, 그것을 돌아서, 그것을 넘어서 가려고 한다."고 주장한다. 분산적인 운동은 갑자기 모여들어 어떤 집중적인 운동도 할 수 없는 방식으로 세계화 기관들을 혼란시킬 수 있는 "벌떼"다.

 항의자들에게는 비전이 결여돼 있다고 비판자들이 말할 때, 그들은 사실은 항의자들 모두가 동의하는 혁명 철학—마르크스주의, 민주 사회주의, 전면적 생태학 또는 사회적 아나키 같은—이 결여돼 있다고 말하는 것이다. 그 말은 전적으로 맞다. 그리고 우리는 바로 그 점에 너무나도 감사한다.

운동이 지금까지 이 모든 의제들을 밀쳐 버렸다는 것과 모든 이들에게 아낌 없이 기부된 선언을 거부했다는 것은 이 젊은 운동의 명예다. …… 어쩌면 운동에 진정으로 어려운 일은 비전을 찾는 것이 아니라 어느 한 비전에 너무 빨리 안주하라는 재촉에 저항하는 일일 것이다.

그러나 똑같은 글에서 나오미 클라인은 "분산적인" "벌떼 같은" 조직 방식에 문제가 있음을 인정한다.

물론 사공이 많은 이런 체계는 약점도 지니고 있다. 그리고 그 약점들은 반세계은행/IMF 시위 동안 워싱턴 거리에서 완전히 드러났다. 최대의 항의 행동이 있었던 날인 4월 16일 정오경, 세계은행과 IMF 본부 주변의 모든 교차로를 봉쇄하는 데 참가한 관련 단체들의 대표자 회의가 소집됐다. 교차로들은 오전 6시부터 봉쇄돼 있었지만, 항의자들은 회담 대표들이 오전 5시 전에 경찰 바리케이드 안으로 빠져 들어갔다는 사실을 그 때서야 알았다. 이 새로운 정보 때문에 대표자들은 교차로를 포기하고 일립스에서 진행되는 공식 행진에 참가할 때라고 느꼈다. 문제는 모든 사람이 동의한 것은 아니었다는 점이다. 한줌밖에 안 된 관련 단체들은 회담장을 빠져나오는 대표들을 봉쇄할 수 있을지 알고 싶어했다.

대표자 회의가 도달한 타협은 의미심장했다. "좋아요. 다들 들으세요." 케빈 대나허는 메가폰에 대고 소리쳤다. "각 교차로는 자율권을 가지고 있습니다. 교차로가 계속 봉쇄를 원한다면, 그건 근사한 생각입니다. 교차로가 일립스로 가기를 원한다면, 그것도 근사한 생각입니다. 어떻게 하든 여러분 마음입니다."

이런 일은 나무랄 데 없이 공정하고 민주적이지만, 딱 한 가지 문제가 있었다. 그런 일은 전적으로 사리에 맞지 않는다는 것이었다. 접근 지점을 봉쇄한 것은 조정된 행동이었다. 이제 일부 교차로는 열리고, 일부 교차로는 계속 장악된 상태라면, 회담장에서 나온 대표들은 왼쪽으로 가는 대신에 오른쪽을 이용해 마음껏 집으로 돌아갈 수 있을 터였다. 물론 이것은 정확히 실제로 일어난 일이었다.

항의자 무리들이 일어나 이리저리 흩어지고, 나머지 항의자들은 계속 앉아 있는 것을 지켜보는 내 머리 속에서는 문득 이 발생기에 있는 활동가 네트워크가 지닌 강점과 약점에 관한 한 가지 적절한 은유가 떠올랐다.[101]

그러나 이 운동에 '강점'뿐 아니라 '약점'도 있다면, 어떻게 약점에 대처할지에 관한 토론이 필요하다. 그렇지 않으면 약점은 재발해 운동을 분쇄하고 싶어하는 자들에게 기회를 주게 될 것이다. 워싱턴 — 그리고 특히 5월 1일 런던 시위 — 의 교훈은 모든 사람들이 각자의 일을 하는 것으로는 썩 충분하지 않다는 것이다. 참여한 모든 사람들에게 구속력이 있는 결정들을 민주적으로 공식화하는 데 기꺼이 참여해야 한다는 것이다. 그렇지 않다면, 소수가 굳게 결심만 하면 그들은 자신들과 의견이 다른 다수에게 영향을 미치는 행동을 할 수 있게 된다.

분산적인 '네트워크' 스타일의 NGO 활동은 사실 역사적으로 새로운 것이 아니다. 그것은 바로 예컨대 18세기 말 활동가들이 — 영국의 통신 협회들과 심지어는 프랑스 혁명 초기 단계의 자코뱅 클럽도 — 당시로서는 가장 선진적인 통신 수단이었던 서신을 이용해 벌인 활동 방식이었다. 그러나 사람들이 분산적인 선전과 선동에서 기존의 권력 집중체들을 분쇄할 수 있는 모종의 진지한 투쟁으로 전환하고자 했을 때, 그들은 더 집중적인 형태의 조직 — 1792~94년의 자코뱅, 아일랜드인 연합, 바뵈프의 '평등파의 음모' — 에 의지해야 했다.[102] 이는 바로 이런저런 방향으로 행동하기 위해 세력을 집중해야 할 때 분산적인 모델로는 운동이 일치된 방식으로 결정을 내릴 수 없으며, 소수가 너무 일찍 움직이거나 아니면 다른 모든 사람들이 움직일 때 방관함으로써 행동을 좌절시키게 놔 둔다는 점 때문이었다.

세계 자본주의의 기관들이 부수기 어려운 '바위 덩어리'와 같은 것일 수도 있다. 그러나 그것들을 단순히 돌아가려 하는 것은 그 기관들이 계속 주도권을 쥐게 놔 두는 것이다. 그 주도력은 갑자기 우리를 공격하고 우리를 파멸시킬 수도 있다. 사실, 그 기관들은 구조조정 계획, 외채 회수, 복지 삭감, 환경 파괴, 전쟁을 통해 매일 수많은 사람들을 파멸시킨다. 우리는 이것들을 단순히 '돌아갈' 수 없다.

또한 운동 안에 많은 사상이 있다고 말하면서 계속 그 상태로 놔 두는 것 또한 썩 훌륭하지는 않다. 물론 운동 안에는 수많은 사상이 존재한다. 수십만, 어쩌면 수백만의 사람들이 처음으로 세계적 체제에 도전하기 시작했다. 그들의 배경과 경험은 너무도 다양하며, 그들은 그로부터 발전한 서로 다른 사상을 가지고 있다. 그들이 무엇을 생각하고 그들의 생각이 어떻게 발전하는지 아무도 명령할 수 없다. 그러나 그렇다고 해서 사상에 관한 논쟁이 없는 것은 아니며, 그러한 논쟁을 회피해서도 안 된다. 사실, 그러한 논쟁이 해결되지 않는다면, 운동은 어느 지점 이상으로 발전할 수 없을 것이다. 다음에 무엇을 해야 하는가 하는 중요한 논쟁에 부딪혔을 때, 단순히 '이런 논쟁을 한다는 게 훌륭하지 않아요?' 하고 말하는 것은 좋은 것이 아니다. 논쟁에 참여해야지, 단순히 논쟁에 대해 해설만 해서는 안 된다. 그리고 '민주적 사회주의'나 '사회적 아나키'가 과거에 참담하게 실패했음을 경험이 보여 줬다고 생각한다면, 되도록 효과적으로 그렇게 말해야 한다.

새 세대의 반자본주의자들이 크든 작든 신자유주의와 자본주의적 세계화에 저항하는 행위에 매일 참여하고 있는 수많은 노동자·빈민과 연결되는 데 성공하려면 이 점이 특히 중요하다. 그런 투쟁에서는 노동자와 빈민의 생계가, 그리고 때로는 그들의 목숨까지 위험에 처한다. 그들은 시종일관한 방향, 다른 동료들에게서 연대를 얻는 방법, 반대편의 사악한 공격에 대항하는 방법을 고안할 수 있어야 한다. 사상의 명확함은 그런 경우 사치가 아니다. 끔찍한 패배를 피하려면 그것은 필수품이다.

운동 안에 있는 다양한 관점에 관해 그러한 명확함을 얻는 유일한 방법은 투쟁에서 단결하는 동시에 우호적인 논쟁에 참여하는 것이다.

거대 다국적 기업 경영자들과 전 세계 국가들은 옳게도 시애틀에 대해 우려했다. 시애틀은 그들의 체제가 사람들에게 자행하고 있는 일에 대한 새로운 반대 분위기를 구체화했다. 모든 대륙과 모든 나라에 있는 상당한 소수 사람들의 염원이 시애틀에 집중됐다. 그리고 겨우 열 달밖에 안 된 지금까지 그 분위기는 확산돼 왔다. 내가 이 글을 쓰고 있는 동안에만도 프랑스 남부의 미요에서, 일본 오키나와에서 열린 G8 회담에 반대해서, 로스앤젤레스에서 열린 민주당 전당대회장 바깥에서 대중적 항의 시위가 벌어졌고, 멜버른에서 세계경제포럼(WEF)과 프라하에서 IMF와 세계은행에 도전하는 계획을 세우고들 있다.

이 사건들을 주관한 사람들 가운데 소수만이 자신을 마르크스주의자로 여긴다. 특히 미국에서는 많은 사람들이 아직 자신을 사회주의자라고도 생각하지 않는다. 그러나 체제에 반대하는 운동을 점차 만들어 나아가면서 그들은 칼 마르크스와 프리드리히 엥겔스가 거의 160년 전에 가기 시작했던 것과 똑같은 길을 밟아 가고 있다. 그 과정에서 그들은 마르크스・엥겔스가, 그리고 이후 마르크스・엥겔스와 똑같은 길을 따랐던 사람들이 부딪혔던 문제들 대부분에 직면하게 될 것이다. 새로운 운동을 구축하는 데 이바지하는 것 — 그리고 새로운 운동이 이 문제들에 대처하는 법을 배우는 데 일조하는 것 — 은 우리 모두에게 달려 있다.

후주

1. 예컨대, J. Charlton, "Talking Seattle", *International Socialism* 86(2000년 봄); C. Kimber, *Socialist Worker*, 12 December 1999; J. St. Clair, "Seattle Diary", *New Left Review* 238(1999년 11~12월); "What Happened in Seattle and What Does it Mean?", in K. Danaher and R. Burbach (eds), *Globalize This! The Battle Against the World Trade Organization and Corporate Rule*(Monroe, Maine, 2000)을 보시오.
2. K. Danaher and R. Burbach(eds), 앞에서 인용한 책, p. 41.
3. 같은 책 겉표지에.
4. 같은 책, p. 27. 또한 <르 몽드 디플로마티크> 2000년 1월에 실린 수전 조지의 설명을 보시오.
5. 신자유주의 진영 내부에서도 통화주의자들과 그 밖의 어떤 신자유주의 경제학자들 사이에는 이론적 차이가 있다. 이 차이점 일부에 관한 설명으로는 나의 글 "The Crisis in Bourgeois Economics", *International Socialism* 71(1996년 여름)을 보시오.
6. 더 자세히 알고 싶다면, G. de Selys and N. Hirtt, *Tableau noir, resister a la privatisation de l'enseignment*(브뤼셀, 1998), pp. 24~56을 보시오.
7. 예컨대, "Blue Gold of the 21st Century", *Le Monde*

diplomatique, 영어판, 2000년 3월호를 보시오.
8. 더 자세히 알고 싶다면, G. Palast, "Tony Rushes In Where Bill Fears To Tread", *The Observer*, 2000년 5월 21일, Business section, p. 6을 보시오.
9. AFL-CIO의 입장에 대한 이런 설명은 데이빗 베이컨(David Bacon)이 제공하고 있다. 그는 AFL-CIO의 입장에 동의하지 않는다. K. Danaher and R. Burbach(eds), op cit, p. 124.
10. 같은 책, pp. 161~162.
11. 같은 책, p. 201.
12. 같은 책, p. 104.
13. 같은 책, p. 118.
14. *Socialist Worker* 기자로서 미요를 취재한 폴 먹가에 따르면 그러하다.
15. K. Danaher and R. Burbach(eds), 앞에 인용한 책, p. 144.
16. 노동자들이 처한 조건과 '혹사 공장 반대와 공정 무역을 위한 운동'(No Sweats and Fair Trade campaigns)의 성장에 관한 설명으로는 Naomi Klein, *No Logo*(London, 2000), pp. 206~221, 325~379, 397~419를 보시오.
17. 데브러 제임스는 이 점을 "현지의 맥락에서 공정한 임금을 지급하는 것"으로 정식화했다. K. Danaher and R. Burbach(eds), 앞에서 인용한 책, p. 189.
18. 같은 책, p. 127.
19. N. Klein, *No Logo*, 앞에 인용한 책, pp. 421~422.
20. 같은 책, p. 435.
21. K. Danaher and R. Burbach(eds), 앞에 인용한 책, p. 125.
22. 같은 책, p. 126.
23. *Capital*, vol 1, in K. Marx and F. Engels, *Collected Works*,

vol 35(London, 1996), pp. 233~243에 나와 있는 시니어의 주장에 대한 칼 마르크스의 설명 — 그리고 철저한 논박 — 을 보시오.
24. S. George, *A Fate Worse Than Debt*(Harmondsworth, 1994), pp. 239~240.
25. Hoy(Quito), 2000년 7월 21일자에 실려 있는 하밀 마우드(Jamil Mahaud)와의 인터뷰를 보시오.
26. *Socialist Worker*, 2000년 8월 19일자에 실린 인터뷰.
27. K. Danaher and R. Burbach(eds), 앞에 인용한 책, p. 144.
28. 같은 책, p. 101.
29. 같은 책, p. 198.
30. 같은 책, pp. 164~170.
31. "Indigenous People's Seattle Declaration", 같은 책, p. 90.
32. S. George, *A Fate Worse Than Debt*, p. 270.
33. 예컨대 프렘찬드(Premchand)의 *The Gift of a Cow*(London, 1987), *The Temple and the Mosque*(New Delhi, 1992), *'Deliverance' and Other Stories*(New Delhi, 1990). Deliverance는 인도 감독인 사티야지트 라이(Satyajit Ray)가 뛰어난 영화로 만들었다. 인도의 '전통적인' 농촌 생활의 비참한 현실을 묘사한 더 근래의 시도로는 쉬릴랄 슈클라(Shrilal Shukla)의 소설인 *Raag Darbari*가 있다. 이 소설은 1968년에 첫 출판돼 같은 제목으로 영역판이 나왔다.(New Delhi, 1992).
34. 2000년 5월 12일 시바의 리스 강연에서 인용. "Poverty and Globalisation", http://news.bbc.co.uk/hi/english/static/events/reith_2000/lecture5.stm. 호(Ho)의 견해를 알고 싶다면, 매우 유익한 그녀의 책 *Genetic Engineering : Dream or Nightmare?* (Dublin, 1999), pp. 143 ~145를 보시오.

35. V. Shiva, "Poverty and Globalisation", 앞에 인용한 사이트.
36. I. Habib, *The Agrarian System of Mughal India*(London, 1963), p. 328.
37. 반다나 시바의 경우에는 그 향수가 본의 아니게 협소한 종교와 카스트에 바탕을 두고 있는 듯하다. 그녀의 책 *Stolen Harvest* (Cambridge, Massachusetts, 2000)는 힌두교 문헌들에서 따온 인용이 이곳 저곳에 등장한다. 그녀는 인도 사회가 "압도적인 채식 사회"라고 주장하며, 소 도살 금지를 지지한다. 사실, 엄밀한 채식주의는 힌두 교도들이나 자이나 교도들 중 상층 카스트에 속한 소수 인구에 국한된 현상이다. 중간 카스트('backward caste'), 하층 카스트('지정 카스트'), 힌두 '부족', 기독교도들, 100만여 명의 이슬람교도들은 모두 여유가 있을 때는 고기를 먹는다. 그리고 인도에서 국가가 강요하고 있는 소 도살 금지는 불가피하게 힌두 공동체주의자들(communalists)이 이슬람과 기독교 소수파를 상대로 사용하는 차별 수단이 될 수밖에 없다.
38. 수치들은 *World Bank, Trends in Developing Economies* (1992), p. 226에서 인용했다.
39. V. Shiva, *Stolen Harvest*(Cambridge, Massachusetts, 2000), p. 103.
40. K. Danaher and R. Burbach(eds), 앞에 인용한 책, p. 138에 실린 성명서.
41. *Le Monde diplomatique*, 영어판, 2000년 1월.
42. V. Shiva, "Poverty and Globalisation", 앞에 인용한 사이트.
43. *Socialist Review* 242호(2000년 6월), p. 18의 인터뷰.
44. Pierre Tatatowksy, 2000년 4월 블랙풀에서 열린 전국학생연합(National Union of Students) 대의원대회의 비공식 집회 연설.
45. S. George, *The Lugano Report : Preserving Capitalism in the*

21st Century(London, 1999).
46. V. Forrester, *The Economic Horror*(London, 1999), p. 38.[국역 : ≪경제적 공포≫, 동문선, 1997년.]
47. 같은 책.
48. E. Toussaint, *Your Money or Your Life : The Tyranny of Global Finance*(London, 1999), p. 254.
49. C. Hines, *Localisation : A Global Manifesto*(London, 2000)에 실린 주장.
50. C. Harman, "The State and Capitalism Today", *International Socialism 51* (1991년 여름). [국역 : ≪세계 경제 — 위기와 전망≫, 갈무리, 1994년.] 그리고 "Globalisation : A Critique of a New Orthodoxy", *International Socialism 73*(1996년 겨울).
51. 수치들은 미국 경제에 관한 IMF 보고서에 실려 있다. 보고서는 IMF 웹 사이트에서 구할 수 있다. http://www.imf.org
52. C. H. Feinstein, "Structural Change in the Developed Countries in the 20th Century", *Oxford Review of Economics* (2000), no 1, p. 53.
53. V. Forrester, 앞에 인용한 책, pp. 18~19.
54. N. Klein, *No Logo*, p. 223.
55. 같은 책.
56. 같은 책, p. 205.
57. K. Danaher and R. Burbach(eds), 앞에 인용한 책, p. 126.
58. A. Arnove(ed), *Iraq Under Siege*(London, 2000), p. 11의 서문에서 인용.
59. A. Smith, *The Wealth of Nations*(London, 1986), p. 169.
60. P. Bourdieu, *Acts of Resistance*(Cambridge, 1998), pp. 6~7.
61. K. Marx, *Capital*, vol 1(Moscow, 1986), p. 558.

62. K. Marx and F. Engels, *Collected Works*, vol 34, p. 398.
63. 같은 책, p. 399.
64. K. Marx, *Wage Labour and Capital*(London, 1996), p. 44.
65. K. Marx and F. Engels, *The Communist Manifesto*, 피닉스(Phoenix) 출판사 판(London, 1996), pp. 8~9.
66. K. Marx, *Capital*, vol 1, pp. 630~652.
67. 같은 책, pp. 681~684.
68. K. Marx and F. Engels, *The Communist Manifesto*, 앞에 인용한 책, p. 11.
69. K. Marx, "The Future Results of British Rule in India", in K. Marx and F. Engels, *Collected Works*, vol 12 London, 1979), p. 222.
70. R. Hilferding, *Finance Capital*(London, 1991).
71. R. Luxemburg, *The Accumulation of Capital*(London, 1963).
72. 이 문제에 관한 노작으로는 졸저 *Explaining the Crisis* (London, 1999)와 *Economics of the Madhouse*(London, 1995)를 보시오.[국역 : 각각 《마르크스주의와 공황론》(풀무질, 1995년)과 《신자유주의 경제학 비판》(책갈피, 2001년).]
73. *Financial Times*, 2000년 5월 15일.
74. 예컨대 E. Crooks and A. Beattle, "Global Warning", *Financial Times*, 2000년 5월 17일치를 보시오.
75. S. George, *A Fate Worse Than Debt*, pxiii.
76. J. Petras and M. Morley(eds), *Latin America in the Time of Cholera*(New York, 1992), p. 27. 또한 이 책의 "The Retreat of the Intellectuals" 장을 보시오.
77. K. Danaher and R. Burbach(eds), 앞에 인용한 책, pp. 121~122.

78. 같은 책, pp. 175~177.
79. P. Davidson, "Are Grains Of Sand Sufficient To Do The Job When Boulders Are Required?", *Economic Journal*, 1997년 5월, pp. 639~662.
80. K. Danaher and R. Burbach(eds), 앞에 인용한 책, p. 177.
81. K. Marx, *Grundrisse*(Harmondsworth, 1973), p. 162.
82. K. Danaher and R. Burbach(eds), 앞에 인용한 책, p. 150.
83. 같은 책, pp. 158~162.
84. 같은 책, p. 174.
85. S. George, *The Lugano Report*, p. 185.
86. 같은 책.
87. 같은 책, p. 183.
88. 같은 책, p. 187.
89. S. George, *The Debt Boomerang*(London, 1992), pxx. [국역: ≪외채 부메랑≫(당대, 1999년)]
90. K. Danaher and R. Burbach(eds), 앞에 인용한 책, p. 42.
91. 같은 책.
92. The Zapatista "Social Netwa" in Mexico(Rand Arrayo Center, Strategy and Doctrines Program, 1998). 이것은 http://rand.org/publications/mr/mr994/mr994.pdf에서 구할 수 있음.
93. S. George, *The Lugano Report*, p. 184.
94. 같은 책.
95. P. Bourdieu et al, *The Weight of the World*(London, 1999).
96. G. Monbiot, "Streets Of Shame", *The Guardian*, 2000년 5월 10일치.
97. K. Danaher and R. Burbach(eds), 앞에 인용한 책, pp. 68~71
98. G. Monbiot, "Streets Of Shame", 앞에 인용한 신문.

99. 같은 글.
100. K. Danaher and R. Burbach(eds), 앞에 인용한 책, p. 72.
101. N Klein, *The Nation*, 2000년 6월.
102. 바뵈프가 당과 비슷한 조직을 건설하려 했다는 점에 관해서는 I. Birchall, *The Spectre of Babeuf*(London, 1997), pp. 54~70을 보시오.

3장
반자본주의, 개량주의, 사회주의

존 리즈

반자본주의, 개량주의, 사회주의*

지금은 변화의 시대다. 옛 정치적 패턴들이 변모되고 있다. 경직된 관계들이 해체되고 새로운 관계들이 그것들을 대체하고 있다. 새로운 세력들이 가세하면서 베테랑들에게 활기를 주고 있다. 이 모든 일들은 더 일찍 일어났어야 했다. 만시지탄의 감이 없지 않다.

지난 20년 동안 사회주의자들과 노동자 계급 활동가들은 노동조합 운동과 복지와 좌파 의식이 퇴조하는 것을 겪었다. 우리는 가끔 1984~1985년 광부 파업과 같은 거대한 전투에서 싸웠지만 대부분은 패배했다. 1990년대가 되면서 처음에는 느려서 거의 감지할 수 없을 정도이긴 했지만 조류는 바뀌기 시작했다. 사고방식이 변화하기 시작했다. 시장에 대한 열광들이 누그러졌다. 주민세 부과 기도가 격퇴당했다. 쌔처와 레이건이 정

---

* 이 글은 John Rees, "Anti-capitalism, reformism and socialism", *ISJ*, No. 90(2001년 3월), pp. 3~40을 번역한 것이다.

치적 불안정에 빠져 물러나야 했다. 대중의 사고방식이 바뀐 것은 마침내 보수당의 선거 참패로 나타났는데, 이는 유럽 전역에서 나타난 패턴의 일부였다.

흔히 그렇듯이, 이러한 자그마한 변화들이 모여 전체적인 정치적 조망이 달라졌다. 그 신호탄은 시애틀이었다. 1999년 11월 시애틀 시위는 관련된 모든 것을 요약할 수 있는 공용어, 즉 반자본주의라는 용어를 제공했다. 시애틀은 직접 행동을 유행하게 만들고 정당화했는데, 이는 1970년대 이래로 보지 못했던 것이다. 우리는 다시 전진하기 시작했다. 많은 어려운 결정들과 고된 전투들 그리고 분명 일부 심각한 패배들이 앞에 놓여 있을 것이다. 그럼에도 우리는 다시 전진하기 시작했다. 우리는 계급 투쟁의 전환점에 도달했다.

이 글은 계급투쟁이 다시 소생하고 있는 결정적인 세 부문, 즉 반자본주의 운동, 노동 쟁의, 선거 투쟁을 살펴볼 것이다. 이 글은 사회주의자들이 이러한 운동들을 효과적으로 강화하는 데 꼭 필요한 전략, 전술, 당 조직 형태를 검토할 것이다.

반자본주의

최근의 시위들처럼 12개월 사이에 국제적 시위가 잇달아 벌어진 것을 우리는 1970년대 이래로 보지 못했다. 최근의 국제적 시위는 미국의 시애틀에서 시작해서, 워싱턴과 로스앤젤레스, 캐나다의 윈저, 오스트레일리아의 멜버른, 프랑스의 미요와 니스, 체코 공화국의 프라하, 스위스의 다보스를 거쳐 갔다.

이러한 시위들이 분기점을 이룬 것은 무엇 때문일까? 첫번째이자 가장 분명한 점은 이러한 시위들이 자본주의 체제를 적으로 여긴다는 점이다. 특정 항의 집단을 자극한 문제가 단일 쟁점일 때조차 — 이 문제가 유전자 조작 식품이든, 터키나 인도의 파괴적인 댐 건설 계획이든, "공정하지 못한" 노동 법규든 간에 — 이들 항의 집단들은 흔히 다국적 기업, 세계 시장, 이윤 동기를 문제의 근원으로 여기고 있다. 그래서 이 운동의 가장 유명한 구호가 "이윤보다 사람이 먼저다"와 "이 세계는 판매용이 아니다"이다.

<워싱턴 포스트>는 지난해 반자본주의 시위 중 하나라고 할 수 있는 2001년 1월 부시의 대통령직 취임 항의 시위 보도 기사에서 이렇게 지적했다.

> 활동가들은 환경이나 공민권에서부터 제3세계 부채나 기업 권력에 이르기까지 다양한 관심사를 가지고 있어 때때로 구경꾼들을 당황케 한다. 모두 똑같은 투쟁이라고 그들은 말한다. …… "우리 나라에서 기업 지배에 대한 두려움과 반감 때문에 우리는 모두 단결해 있다." 43세의 싱크탱크 정책 연구원 데이비드 레비가 한 말이다. "정부는 판매용이고 대기업이 정부를 구입한다."

이들 시위대가 목격하고 있는 것은 구체적으로 세계 자본주의 체제다. <워싱턴 포스트>는 계속 지적했다.

국제 금융·무역 기구들은 미국 정치를 막후에서 조정하는 바로 그 기업들에 이 세계가 수지맞는 돈벌이가 되게 만들려 한다. 시위대의 말이다. …… 쟁점들을 이런 방식으로 제기한 덕분에 다양한 대의들이 공통의 적들에 대항해 단결할 수 있다. 예를 들어, 우림 보호 활동가와 혹사 공장 반대 활동가들은 천연 자원을 판매하는 가난한 나라에 대한 기업 투자를 부추기는 똑같은 무역 및 개발 정책들에 반대한다. 이러한 상황에서 세계 자본주의는 불공정하고 비효율적이라고 활동가들은 말한다.[1]

이러한 운동은 어디에서 비롯했는가? 레이건-쌔처 시절에 절정에 달했던 시장경제적 합의는 생겨날 무렵부터 지금까지 오랫동안 약화돼 왔다. 친시장 합의는 결코 절대적이지 않았다. 노동자 계급의 상당수, 때로는 다수가 언제나 친시장 합의를 거부했다. 그러나 노동자 계급의 일부와 중간계급과 지배계급의 다수는 1980년대 중반과 후반의 호황 동안에 친시장 합의가 지배적인 것이 되게 했다. 국제적 차원에서 볼 때 서구식 자본주의가 동유럽과 러시아에 도입되면서 일으킨 경제적 재앙은 1990년대 동안에 이러한 친시장 합의의 득세를 침식하기 시작했다. 1997년의 동아시아 공황과 뒤이어 러시아에서 나타난 위기는 시장 이데올로기에 대한 거부를 더욱 촉진시켰다. 1992년의 경기 후퇴도 체제의 핵심인 유럽과 미국에서 친시장 정책에 대한 대중적 지지를 약화시켰으며, 사회민주당과 민주당이 선거에서 승리할 수 있게 해 줬다. 비록 사회민주당과 민주당이 신자유주의 경제 정책들을 계속 추구했음에도 말이다.

신자유주의 이데올로기의 또 다른 강력한 용해제는 국내의 사유화 경험이었다. 수많은 대중의 삶은 수백 가지 방식으로 신자유주의 경제 정책들의 실제 효과들 때문에 악화되기 시작했다. 일은 더 힘들어지고, 시간도 더 길어졌으며, 더 위험해졌다. 보건과 교육은 눈에 띄게 악화됐으며, 이와 동시에 시장경제식 조직 구조에도 더 얽매이게 됐다. 운송 부문은 사기업의 수중에 들어가 열악해졌다. 공공 주택이 퇴보했으며, 사유 주택 가격은 치솟았다가 폭락하면서 많은 사람들이 무주택자가 되거나 빚을 졌다. 그 다음에 주택 가격은 다시 치솟았다. 대형 체인점들이 특히 중간 규모 도시들에 우후죽순처럼 들어서는 바람에 임금의 현물급여제가 오늘날에 걸맞은 형태로 재연되고 있는 것이 아닌가 하고 생각하는 것도 이해할 만하다. 실로 신용 카드 빚은 전당포의 현대적 형태가 됐다.

더욱이, 현실이 이상적인 형태에는 못 미쳤을지라도 전후 호황기에 베버리지와 복지 국가로 표상되던 "공공 문화"는 훨씬 더 나쁜 것으로 대체됐다. "버츠킬리즘"(Butskillism)이라는 옛 개량주의의 합의는 사회에 뭔가 잘못된 것이 있다면 체제 자체가 잘못됐을 것이라는 점을 적어도 시인했다.[2] 예를 들어, 빈곤이나 실업이 존재하거나 아이들이 제대로 교육받지 못한다면 문제를 처리하기 위해 시장을 규제하거나 법을 개정할 필요가 있을 거라는 것이다. 그러나 신자유주의 교의는 시장이 재화와 서비스를 분배하는 거의 완벽한 방식이라고 가정한다. 시장에

"개입"하려는 시도는 모두 체제의 효율을 떨어뜨리는 것으로 끝날 수밖에 없다고 한다. "개혁"을 하려면 시장이 더 자유롭게 작동할 수 있도록 하는 것을 목표로 삼아야 한다고 한다. 이것이 오늘날의 사회민주주의자들이 스탈린주의와 "구노동당" 이데올로기 모두를 비판할 때 취하는 근거이자 마거릿 쌔처가 자신의 보수당 내에 있는 '하나의 국민'파 소속의 "애처로운" 인사들에 대한 비판의 근거이기도 하다.

따라서 쌔처뿐 아니라 토니 블레어가 보기에는 빈곤·실업·교육 문제가 있다면 그것은 시장의 문제일 리가 없다. 그들에게 이러한 문제의 근원은 두 가지일 수밖에 없다. 첫번째 근원은 시장이 아직은 충분히 자유롭지 않다는 것이다. 사유화가 효과를 내지 않는다면 더 많은 사유화와 더 많은 경쟁이 해답이 돼야 한다고 한다. 실패의 두번째 근원은 개인이라는 것이다. 어떤 사람이 실업 상태이고 그 잘못이 시장에 있을 수 없다면 그 잘못은 그 실업자 개인에게 있을 수밖에 없다고 한다. 그 개인들은 "시장에 필요한 바에 적합하도록" 자신을 훈련시키지 않았거나, "복지에 의존"하게 됐거나, 아니면 더 조야하고 더 흔한 말로 말해서 "구걸뱅이"임에 틀림없다는 것이다. 이와 마찬가지로, 우리의 "개혁된" 학교가 붕괴하고 있다면 틀림없이 교사나 학부모나 학생들이 잘못해서 교육 제도가 작용하지 않는다는 것이다. 그러한 학교들은 교육표준국(Ofsted)으로부터 감독을 받거나 문을 닫든지 아니면 더 시장 지향적인 구조에 종속되거나 사기업들에 넘겨 줘야 한다는 것이다.[3]

관련된 쟁점이 무엇이든 간에 이 논리는 범죄의 희생자들을 체계적으로 비난하는 것이다. 그것은 속죄양 만드는 문화를 조장한다. 이 논리의 극단은 거지, 노숙자, 난민 신청자, 흑인 전체를 악마처럼 만드는 것으로 끝난다. 그러나 그런 논리는 모든 노동자들이 분명히 느끼진 못할지라도 역겨운 것이다. 이러한 신자유주의 "시장 도덕"은 노동자들이 서로 체제의 실패에 책임 있다고 비난하도록 설득하려 한다. 사회 서비스 부문 노동자는 실업 노동자를, 학부모는 교사를 비난해야 한다고 부추긴다. 그리고 그 "도덕"은 우리가 우리 이웃보다 조금이라도 더 나은 교육·보건·운송을 구매할 수 있는 한 우리는 "훌륭하게 행동하는" 것이며 그들[우리 이웃]이 "문제"라고 확신시키려 한다.

반자본주의 운동의 큰 장점은 이 운동이 지난 20여 년 동안 많은 노동자들의 가슴 속에 담겨 있던 울분을 표현한다는 점이다. 반자본주의 운동은 그들에게 당신들과 당신의 동료들이 비난받아서는 안 된다고 말한다. 이 운동은 많은 사람들이 오래전부터 그럴 거라고 짐작해 온 사실, 즉 노동자 대중이 체제의 실패를 초래한 것이 아니라 오히려 체제가 노동자 대중의 기대를 저버렸다고 말한다. 더욱이 이 운동은 그들에게 체제의 심장부인 바로 여기에서 수십만 명의 사람들이 체제의 우선순위를 거부한다고 말한다. "시애틀"이라는 말이 노동조합 활동가나 운동가나 급진적 청중의 얼굴에 희색이 만연하게 만들었던 이유는 바로 이 때문이다.

시애틀과 그 뒤의 시위들은 단지 시위 군중이 또다시 거리로 나와 또 하나의 쟁점에 대해 항의한 것이 아니었다. 참가한 사람의 수라는 면보다 열망이라는 면에서 시애틀은 훨씬 더 적절한 규모로 이 체제가 지난 25년 동안 우리에게 자행해 온 것에 대응한 사건이었다. 그 운동은 마치 더 이상 단순히 공장 폐쇄나 정리해고나 복지삭감 하나하나에 반대해 투쟁하는 것이 아니라, 체제의 결과는 물론 그 원인에 대항하려는 듯이 보였다. 그럼으로써 시애틀은 일자리 감축이나 복지 삭감에 대항한 모든 투쟁에 엄청난 용기와 새로운 저항 이데올로기를 제공했다.

이런 의미에서 반자본주의 운동은, 비록 부분적인 저항 운동일지라도 체제에 맞서는 다른 모든 저항 운동에 어떤 특징을 부여하고 있다. 갑자기 런던 지하철 사유화 반대 운동가들은 사유화 낙찰자가 될 가능성이 큰 밸퍼 비티 사를 그 회사가 터키에서 건설하는 일리수 댐 건설 반대 운동에 비춰 본다. 지금 노동조합 활동가들은 환경 운동가들과 사회주의자들이 그들의 동맹자들이고, 제국주의와 세계 자본주의가 제3세계에 미치는 영향이 확연히 드러나며, 대중 행동이 더욱더 널리 인정된 투쟁 방법으로 여겨지고 있는 정치화된 세계로 휘말려들고 있다.

이것은 반자본주의적 운동의 질적으로 독특한 또 다른 양상, 즉 노동 운동의 참가 문제를 제기한다. 노동 운동은 시애틀·미요·니스에 대규모로 참가했다. 수만 명의 조직 노동자들이 지난 20년간 가장 정치화된 환경 속에서 행진했다. 이것은 과

장된 주장처럼 보이지만, 현재의 투쟁들을 이전 운동들과 비교해 보면 이치에 닿는 것으로 인정할 수 있다. 특히 1992년 영국에서 벌어진 광부 시위는 이전의 어느 시위보다 대규모였다. 그러나 광부들은 패배했으며, 분노가 아무리 컸을지라도 [탄갱 폐쇄 반대라는] 단일 쟁점에 관심과 주의를 기울였다. 1990년의 주민세 반대 시위는 규모도 컸고, 전투적이었으며, 승리했지만, 상당한 규모의 조직 노동자들을 포함하지는 못했으며, 단일 쟁점에 한정된 것이었다. 1995년 프랑스에서 벌어진 시위들과 공공부문 총파업은 가장 분명한 선례다. 그 투쟁들은 노동 쟁의 고양 기류의 일부였고 매우 정치적이었다. 그러나 그 투쟁들조차 분노를 공공연히 자본주의 체제에 돌리지 않았으며, 2000년에 벌어진 시위들처럼 국제적 운동의 일부도 아니었다.

물론 반자본주의 운동에는 실제로 약점이 존재한다. 아직 그것은 소수의 운동이다. 조직 노동자 계급의 핵심조차 다시 정치화되는 것이 여전히 맹아적 단계에 있다. 반자본주의 운동은 무엇에 반대한다는 점에서는 명확하지만, 왜 그런지 그리고 대안은 무엇이어야 하는지에 대해서는 덜 명확하다. 그 운동에 참가하는 많은 사람들은 노동운동이 대규모 시위들에 참가하는데도 조직 노동자 계급이 자본주의 반대 세력의 일부로 적합한지 또는 어떻게 그런지에 대해 명확하지 않다.

시위가 계속되고 있을 때조차 지배계급은 수시로 태도를 바꾸어 이러한 시위들이 제기하는 도전에 대응하려 한다. 곤봉 사용도 계속되고 있다. 시위 진압 경찰, 최루탄, 장갑차, 국경

폐쇄가 항의 시위 때마다 나타나고 있다. 그러나 2000년 프라하와 니스에서 그리고 2001년 다보스에서 국제 자본주의 기구의 지도자들은 자신들이 고립되고 인기가 하락할 것을 우려해, "대화"에 참여해 "세계화와 자유 무역을 옹호하는 주장을 펼" 수 있었다. 그래서 세계경제포럼의 엘리트들은 2001년 1월 다보스에서 경찰과 군대의 보호를 받으며 지름 30km의 접근 금지 지역 내에서 만났을 때, 세계사회포럼의 주최로 브라질의 포르투 알레그레에서 열린 반자본주의적 "대안 다보스"의 대표자들과 TV 중계 토론하는 것을 제안했다. 백만장자 투기꾼 조지 소로스와 전에 유럽 무역 위원회 위원이었던 파스칼 라미는 포르투 알레그레 대표자 조제 보베와 브라질 노동자당 지도자들을 편드는 주장을 폈다.[4] 체제 내 편입이라는 도전에 대응해 상이한 전략들이 운동 안에서 등장하기 시작하고 있다. 포르투 알레그레에 대표자로 참가했던 두 명의 프랑스 차관들과 전직 프랑스 장관은 말할 나위 없이 조지 소로스와의 "대화"를 찬성하려 한다. 다수 활동가들은 체제를 수세로 몰아넣을 만한 세력을 지닌 대중 운동을 건설하는 것을 과제로 삼고 있었다. 논쟁이 곧 뒤를 이을 전망이다.

혁명적 좌파는 그 운동을 무시하지 않고, 또 모든 것을 다 알고 있다는 어조로 활동가들에게 허세를 부리지 않는 한 이 논쟁에서 가장 중요한 구실을 할 수 있다. 그러나 먼저, 조직된 좌파는 새로운 운동을 분석해야 하고 그 운동에 조직 노동자들을 더 많이 연루시킬 수 있는 방법과 [자본주의] 체제와 맞설 전략을 발전시킬 수 있는 방법을 검토해야 한다. 이 글은 그러한 논쟁에 기여하고자 한다. 새로운 투사들이 직면한 가장 중요한 쟁점 한 가지는 노동운동의 기존 제도들인 노동당이나 노동조합과 어떻게 연관을 맺어야 하는지 하는 점이다.

반자본주의와 최신의 노동당 노선

오늘날의 사회민주주의 정당들은 거의 보편적으로 신자유주의 경제 정설을 옹호하고 있다. 그 지도자들은 너무나 친시장적이고 친기업적이어서 냉전기 사회민주당의 가장 확고한 우파조차 놀라게 한다. 당연하게도, 지금 대다수 개량주의 노동자들의 의식과 사회민주당 지도자들의 정책들 사이에는 크나큰 간극이 존재한다.

1970년대 중반에 경제가 비교적 부진하고 느리게 성장하는 시기가 시작되고 뒤이어 레이건-쌔처 '혁명'이 일어나자 그에 따라 권력자 집단 전체의 정치적 스펙트럼이 우경화하기 시작했다. 신자유주의의 자유 시장 이데올로기가 득세하게 됐으며, 사회주의 사상은 고립됐고 미미해졌다. 그러나 일단 1980년대 중·후반의 호황이 꺼지자 우경화하고 있던 일부 노동자들 사이에서 그러한 우경화 조류가 후퇴했다. 그러면서 우경화 조류는, 비록 노조와 노동당이 조금은 마지못해 지키려 했을지라도 구노동당의 복지 합의가 대부분 그대로 남아 있었음을 드러냈다. 대개 스탈린주의 국가들을 사회주의와 관련시켜 생각하고 있었기 때문에 그 국가들의 붕괴는 지배계급과 사회민주당 논평가들의 편견을 강화시켰다. 또한 스탈린주의 국가들의 붕괴로 노동당 좌파 상당수를 포함한 스탈린주의적 좌파의 사기가 저하됐다. 그러나 그와 똑같은 때 1980년대의 "지나친" 일들에 대한 혐오감이 폭발해 대중은 사유화, 그리고 복지국가[사회보장제도] 일반과 특별하게는 국민건강보험(NHS)에 대한 공격에 저항했다.

1990년대에는 대중의 의식이 일반으로 좌경화했으며, 그에 따라 신노동당식 사회민주당 지도자들과 당의 전통적 지지자 대중 사이에 존재하던 간극이 드러났다. 이러한 간극은 많은 주요 쟁점들에서 존재한다. 신자유주의적 사회민주주의자들은 자본주의 사기업들이 시장에서 더 효과적으로 경쟁할 수 있도록 촉진하는 것을 국가의 가장 중요한 역할로 여긴다. 대부분의 노동당 지지자들은 고삐 풀린 이윤 추구 때문에 사회에 가해지는 폐해를 제한하는 것을 국가의 역할로 여긴다. 새로운 사회민주주의 지도자들은 이윤 추구, [기업 최고경영자들에게] 엄청난 봉급과 상여금 지급, 국가와 복지 국가의 공직에 기업 경영자의 임명 등을 옹호한다. 대부분의 노동자들은 이러한 조처에 반대한다. 신노동당 이데올로그들은 골수 사유화론자들이다. 그들에게 표를 던졌던 많은 사람들이 이런 조처들에 격렬하게 반대한다. 신노동당 정치인들은 복지 국가가 낭비적이며, 복지 예산을 삭감할 필요가 있다고 생각한다. 대부분의 노동자들은 복지 국가의 재원이 충분하지 않다고 생각한다. 신자유주의자들은 노동조합에 반대하지만 대부분의 노동자들은 그렇지 않다.

1997년 선거에서 노동당이 압승을 거둔 뒤로 시간이 흘렀어도 정부와 그 지지자들 사이의 이러한 간극은 전혀 좁혀지지 않았다. 정부 자체 조사 보고서가 <노동자 계급과 신노동당 : 헤어지는가?>라는 제목의 장에서 이러한 간극을 검토하고 있다. 그 보고서는 노동자 계급 사람들의 83퍼센트가 "고소득자와 저소득자 사이의 소득 격차가 너무 크다"고 생각하고 있음을 보여 주었다. 노동자들의 약 57퍼센트는 "정부가 보건, 교육, 사회 복지에 더 많은 예산을 지출해야 한다"고 생각한다. 노동자들의 약 40퍼센트는 "세금이 늘어날지라도" 이러한 예산 지출에 동의했으며, 단지 29퍼센트만이 반대했다.⁵ 사실, 주목되는 주요한 상황 전개는 많은 중간계급 사람들의 의견이 이러한 쟁점들에서 노동자들의 태도를 따르고 있다는 것이다. 여러 해에 걸쳐 사유화와 복지 예산 삭감이 이뤄지면서 지금은 중간계급의 일부가 노동자 계급이 오래 전에 도달한 같은 결론을 불가피하게 이끌어 내고 있다.

기성 권력자 집단의 정치 체제에 대한 환멸이 극우파의 반동을 초래할 수 있다는 정반대의 징후도 있었다. 나찌인 영국국민당(BNP)의 데릭 비컨이 1993년 런던 시 동구 선거에 출마해 당선된 것이 그러한 징후의 하나였다. 최근 노동당 정부가 난민 신청자를 공격한 것은 또 다른 징후였다. 유럽에서는 이러한 위협이 더 실질적이다. 프랑스에서 르펜, 이탈리아에서 베를루스코니, 벨기에에서 블람스 블록, 독일에서 신나치와 오스트리아에서 하이더의 부상이 그러한 위험들을 분명히 나타낸다. 그러나 영국에서 그리고 훨씬 더 큰 정도로 프랑스에서 대중 의식의 좌경화가 유력한 특징이 돼 있다. 물론 이것은 바뀔 수 있다. 그리고 이러한 좌경화를 유지하는 일에는 그러한 극우파가 부상할 때마다 그들의 위협에 힘차게 대항해 패퇴시키는 것이 포함된다. 지금까지는 이것이 패턴이었다.

한 가지 관련된 사실은 몇몇 사회 문제들 — "가정" 문제, 이주, 인종, 법과 질서 — 에 대해 노동당 지도자들은 노동자 대중의 의식과 근접해 있다는 점이다. ≪영국인의 사회적 태도들≫이라는 조사 보고서는 다음과 같은 점을 보여 준다. "사실, 두 가지 유형의 계급 관련 쟁점들이 있으며, 그래서 노동자 계급과 신노동당 사이의 간극이 벌어질 잠재적 원천이 두 가지가 있다. 재분배와 관련된 전통적인 경제 쟁점들에서 노동자 계급은 '좌파'다. 또 다른 것은 관용, 도덕, 전통주의, 편견, 민족주의와 관련한 사회적 쟁점들에서 노동자 계급은 '우파'다.[6] 그리고 때로는 보수당과 노동당의 다양한 정치인들이 지지를 다시 확립하기 위해 이러한 쟁점들에 대한 대중의 견해를 결집하려 했다. 가끔 그들은 적어도 부분적으로 성공을 거두었다. 아동지원청이나 제28조[지방 정부에서 동성애자의 승진을 금지한 1988년의 지방자치법 28조] 또는 최근에 난민 신청자에 대한 두려움을 일으키려는 최초 국면이 그 본보기들이다. 그러나 그런 조처들이 실행되면서 명백하게 드러난 불의와 좌파의 저항 때문에 흔히 정부와 그 지지자들은 이데올로기적 역습을 당해 궁색한 처지로 내몰리곤 했다.

더욱 근본적으로는, 어떤 사회민주주의 정부든 성공하려면 꼭 필요한, 쟁점들 — 가장 명백한 것은 복지국가에 관한 쟁점 — 에 대한 노동자 계급의 합의는 여전히 신자유주의적 의제에 확고하게 반대하는 것이었다. 그리고 이러한 반대 때문에 사회민주주의자들의 정책과 대다수 노동자들의 의식 사이의 격차는 더 좁혀지지 않았다.

이것은 대다수 노동자들이 사회주의적 의식을 가지고 있다는 뜻은 아니다. 혁명적 의식은 말할 것도 없고 말이다. 그리고 그것은 대다수 노동자들이 노동당에 표를 던지지 않을 것이라는 뜻도 아니다. 특히 보수당이 정부를 구성할 수 있는 유일한 국민적 대안일 때는 더욱 그럴 것이다. 많은 점에서 노동자 계급의 "개량주의적" 의식은 1970년대 이래로 두드러지게 일관됐다. 그러나 주류 개량주의가 더 이상 이러한 기대에 보답할 수 없다. 그 결과 "개량주의적" 의식은 정치적 대표성의 위기에 직면해 있다. 기성 권력자 집단의 어느 정치인도 노동자 계급의 이러한 전통적인 요구를 구체화하는 계획을 내놓으려 하지 않는다. 어떤 점에서 이것은 언제나 진실이었다. 노동당은 언제나 단지 부분적으로만 이러한 염원을 대변했으며, 일단 집권하면 그러한 염원을 훨씬 더 부분적으로만 실현했다. 그러나 일치점이 어느 정도 있었다. 이제 일치하는 영역이 최소한으로 줄어들었다. 이제 노동당에 대한 지지는 전의 어느 때보다 더 보수당 집권에 대한 두려움으로 바뀌었으며, 노동당 정책에 대한 적극적인 지지는 전의 어느 때보다 더 시들해졌다. 노동자들은 보수당에 반대해 투표하는 것이지, 노동당에 찬성해 투표하는 것은 아니다. 또는 노동자들은 아예 투표하지 않는다.

이번 노동당 정부 동안에 치러진 보궐 선거와 지방의회 선거는 제2차세계대전 이래로 가장 낮은 투표율을 보였다. 리드 지역구 보궐선거에서 힐러리 벤이 당선됐는데, 투표율이 겨우 19퍼센트였다. ICM/<가디언>의 여론조사는 다음 총선에서 투표할 의향이 있는 사람이 60퍼센트밖에 되지 않음을 보여 주었다. 이는 1997년 총선 투표율이 64퍼센트였던 것과 비교된다. 최종 투표율은 십중팔구 67퍼센트에서 69퍼센트 사이가 될 텐데, 이 수치는 1945년 이래로 가장 낮은 수준이다. 노동당 지지자들은 보수당 지지자들에 비해 투표 참가가 저조할 것 같으며, 노동당의 거점 선거구들에서 투표율이 가장 낮을 전망이다.[7]

너무도 많은 노동자들이 무거운 마음으로 노동당에 투표하며, 많은 노동자들은 아예 투표를 하지 않는다. 이 두 집단 모두에서 민주주의 제도에 대한 의문을 가지기 시작한 사람들이 많이 있다. 최근 여론조사에서 응답자의 58퍼센트가 "정부 장관들이 기업의 이윤을 사람보다 먼저 생각하는 것"이 "주된 문제"라고 답변했다. 또 다른 29퍼센트는 그것이 "덜 심각한 문제"라고 생각하며, 단지 6퍼센트만이 "문제 되지 않는다"고 생각한다. 49퍼센트의 사람들은 정부의 금융 추문이 주된 문제라고 봤으며, 또 다른 39퍼센트의 사람들은 그것이 덜 심각한 문제라고 여겼다. 또다시 6퍼센트만이 그것을 문제 되지 않는다고 봤다. 그러나 아마도 가장 놀랄 만한 조사 결과는 의회 제도 전체에 대한 신뢰의 결여를 보여 주는 조사 결과일 것이다. 2년 전에도 41퍼센트의 사람들만이 통치 체제가 잘 돌아간다고 생각했다. 오늘날 이 비율은 31퍼센트로 떨어졌다.[8] 이러한 정서를 보여 주는 증거들이 표 1에 더 있다.

<표 1> 민주주의에 대한 신뢰 상실
당신은 이 나라가 더 민주적이 되고 있다고 생각하십니까?
아니면 덜 민주적이 되고 있다고 생각하십니까?
1994   *2000*

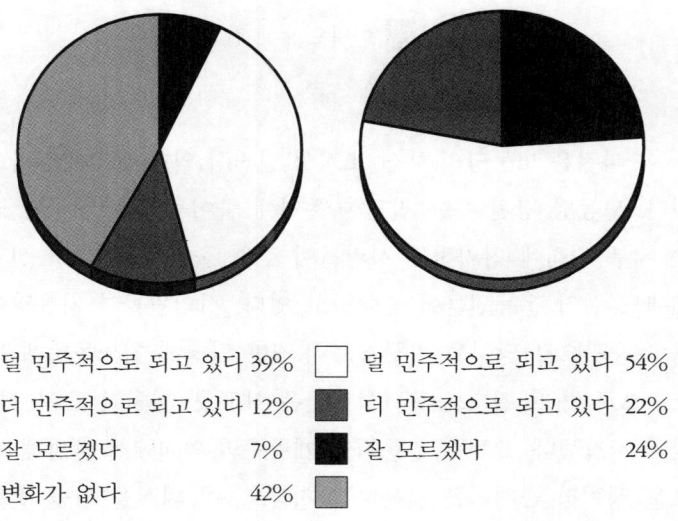

덜 민주적으로 되고 있다 39%   덜 민주적으로 되고 있다 54%
더 민주적으로 되고 있다 12%   더 민주적으로 되고 있다 22%
잘 모르겠다   7%   잘 모르겠다   24%
변화가 없다   42%

당신은 장관이나 그 자문 위원회가 다음과 같은 점들에 대해 진실을 말해 준다고 생각합니까?

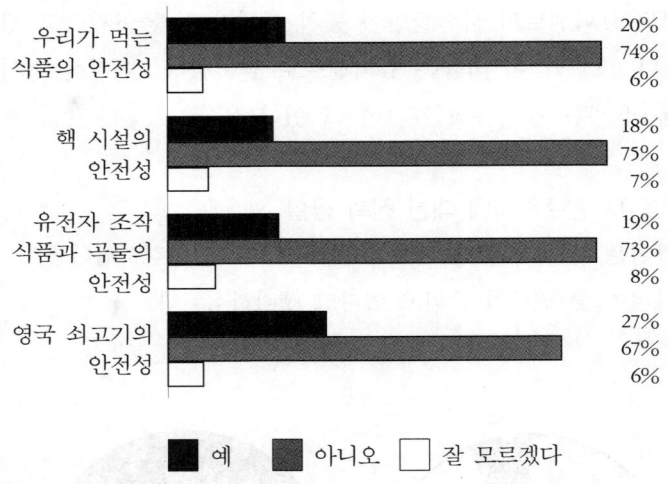

이 과정은 노동당의 핵심 조직의 점진적 약화에도 반영되고 있다. 노동당 당원 수는 집권한 동안에 줄어들었다. 지구당 또는 지부 집회에 참가하는 사람들이 점점 줄어들고 있다. 선거 때에도 선거 운동원들이 줄어들고 있다. 시의원들이 자유당이나 보수당으로 당적을 바꾸지는 않지만 탈당해 친노동당계 무소속으로 옮겨 간다. 소수 사람들은 새로운 정치적 근거지를 찾기 시작했다. 그들이 전통적인 개량주의 의식에서 출발해 새로운 정치적 근거지를 찾는다 할지라도, 이 의식을 담을 전통

적인 조직상의 그릇이 더 이상 적절하지 않다는 사실 때문에 부득이 그들은 더 좌파적인 결론을 끌어 내기 시작한다. 그들은 구노동당이 과연 사회주의 정당이었는지를 재고한다. 그리고 만약 예전 당이 사회주의 정당이 아니었다면 왜 아니었는지를 자문해 본다. 그들은 전에는 배격했던 왼쪽에 있는 동맹들을 고려한다. 그리고 그들은 노동조합주의와 환경주의에서 직접 행동 또는 심지어 혁명적 조직에 이르기까지 전에는 관심이 없었던 다른 투쟁 방법들을 재평가한다.

개량주의가 위기를 겪고 있는 상황에서 반자본주의 운동의 등장이 그토록 중요한 이유가 바로 이 때문이다. 반자본주의 운동은 개량주의 활동가들에게 대안적인 이데올로기와 대안적인 정치적 근거지를 제공한다. 이 근거지 역시 일시적일 수 있지만 적어도 그것은 개량주의와 결별한 좌파와 혁명가들이 서로 협력해 더 강력한 운동을 건설할 수 있는 터전이다. 여기서도 그들은 앞으로 나아갈 길에 대해 논쟁할 수 있다. 이와 똑같은 일반적인 요점은 신노동당보다 좌파적인 선거 대안을 제공하려 하는 '사회주의자동맹(Socialist Alliance)'에 대해서도 적용할 수 있을 것이다.

이런 재구성 과정은 많은 좌파가 알고 있는 것보다 더 많이 진행됐지만 여전히 노동 운동의 소수에게만 영향을 미치고 있다. 많은 노조 지도자들은 노동당 지도부의 약간 왼쪽에서 신자유주의의 변종을 받아들이긴 하지만, 신노동당이 노동조합을 드러내놓고 무시하는 것은 그들의 성을 돋구고 있다. 그러나 노조 지도자들보다 낮은 차원에서는 노조의 저력이나 노동당과의 연계가 여전히 큰 힘을 발휘하고 있다. "토리 블레어"라는 말["토리"는 보수당원을 가리키는 말로, 블레어의 이름 "토니"를 "토리"로 바꿔 부르는 것은 그의 정책이 보수당과 별로 다르지 않음을 야유하는 표현임]은 신노동당의 계획에 대한 환멸의 정도를 보여 준다. 사회주의자들이 이렇게 쓰라린 심정을 공유하고 표현하지 않는다면 어리석은 일일 것이다. 그러나 이 말이 너무 나아가 노동당의 성격이 근본적으로 바뀌었다고 진지하게 주장한다면 그것은 오류가 될 것이다.

노동당이 보수당 2중대로 변했다는 주장을 뒷받침하는 논거들은 다음과 같다. (1) 신노동당 지도자 토니 블레어는 노동당 역사상 가장 우파적인 인물이다. (2) 신노동당의 정책들은 그 전 어느 때보다 더 우파적이다. (3) 노동당은 이제 노조가 아니라 대기업으로부터 자금을 받는다. 이 주장을 차례로 살펴보자. 토니 블레어는 분명 우파이고 친시장 정치인이다. 그리고 블레어의 가치관은 대다수 노동당 당원들의 가치관과는 너무나 달라서, 피터 맨델슨의 친구인 작가 로버트 해리스가 말했듯이 "블레어가 노동당을 싫어한다"는 것도 사실이다. 그러나 블레어는 이전 세대의 노동당 지도자들 — 로이 젠킨스, 셜리 윌리엄스, 윌리엄 로저스, 데이빗 오웬 — 이 사회민주당을 결성할 때 그랬던 것처럼 자기 당을 분열시킨 것은 아니다. 1930년대에 램지 맥도널드가 했던 것처럼 자기 당을 분열시키고 보수당 정부에 참여한 것도 아니다. 그러므로 블레어가 자신의 정치 선배들보다 더 우파라고 결론을 내리기에는 아직 이르다.

노동당 정부의 정책들도 1970년대 짐 캘러헌 정부의 정책들보다 더 우파적이라고 할 수는 없다. 캘러헌의 노동당 정부는 전후 영국 역사에서 "사회계약"을 통해 고용 노동자들의 실질임금을 삭감한 유일한 정부라는 특징을 갖고 있다. 순결 테스트 도입을 비롯한 이주민 정책은 신노동당의 정책과 맞먹는 것이었으며 결과적으로 국민전선의 등장을 초래했다. "가정 가치관"을 역설했던 캘러헌의 악명 높은 연설은 그 뒤 보수당과 노동당의 모든 반동적인 사회평론가들이 끌어다 쓰는 본보기가 됐다. 그리고 캘러헌 정부의 재무장관 데니스 힐리는 IMF 삭감 정책을 도입했는데, 이는 쌔처 집권기 내내 유지됐다. 그것은 마치 "불만의 겨울"[1978년 9월 포드 자동차의 파업을 시발로 이듬해 봄까지 계속된 대규모 파업] 동안 노동당이 추진한 파업 파괴 정책들이 나중에 쌔처의 노조 규제 정책으로 가는 길을 닦은 것과 마찬가지였다. 그러나 토니 블레어가 "구노동당"의 복지국가 합의를 내팽개쳤다는 것은 사실이다. 자유시장 경제에 이렇게 헌신적이었던 것과 비슷한 사례들을 찾아보려면 우리는 램지 맥도널드나 필립 스노우든 같은 전쟁[제2차세계대전] 전의 노동당 지도자들로 되돌아가야 할 것이다.

마지막으로, 노조의 자금이 이제는 노동당과 무관하다는 것은 사실이 아니다. 노동당의 정치자금을 모으는 사람들이 당의 선거 자금으로 노조한테서 받아 내려 하는 8백만 파운드는 노동당이 보수당과 효과적으로 경쟁하는 데서 결정적이다. 노당에 돈을 내는 개인이나 기업이 전보다 더 늘어난 것은 사실이다. 또한 그 중 일부는 보수당의 선거 실적이 저조할 것이라는 점에 실망한 기업가들이었다는 것도 사실이다. 이런 사태는 신노동당의 친기업가적 입장을 부추기고 노동당 내의 부정부패를 확산시켰다는 점도 분명 사실이다. 그러나 이것은 노동당의 성격이 근본적으로 바뀌었다고 말하는 것과는 다르다. 노동당은 여전히 노동조합 관료의 정치적 표현이며 조직 노동자 대부분의 지지를 받고 있다. 레닌이 지적했듯이, 노동당은 "자본주의적 노동자 당"이다. 즉, 노동당이 자본주의 체제를 지탱한다는 사실에도 불구하고 노동당은 조직 노동자들의 지지와 자금을 받는다.

사회주의자들에게 제기되는 도전은 이런 모순에 기초해서 노동당에 대한 노동자들의 충성심을 떨쳐 내기 위해 보수당보다는 노동당을 지지하도록 고무하는 계급 의식에 호소하는 방식으로 활동하는 것이다. 노동당 지도자들과 노동당이 윌리엄 헤이그, 마이클 포티요, 앤 위드컴의 보수당과 똑같다고 주장하는 것은 최선의 방법은 아니다. 우리는 후안무치한 사장들의 당보다는 노동조합의 당을 항상 지지하겠지만, 노동당도 아니고 보수당도 아닌 진정한 사회주의적 대안을 건설하려 한다고 설명하는 것이 훨씬 더 나을 것이다. 이미 많은 노동자들은 보수당의 정책을 계속 추진하는 블레어 정부를 몹시 싫어하고 있다. 그들이 그러는 것도 당연하다. 우리는 그들의 분노를 공유한다. 우리와 그 노동자들은 더 많은 노동자들을 사회주의적 대안으로 끌어당길 수 있다. 그렇게 할 수 있는 최선의 방법은, 노동당 지지자들이 먼저 노동당을 지지함으로써 얻을 수 있다고 생각하는 바로 그것을 쟁취하는 더 낫고 더 일관된 방식이 있음을 보여 주는 것이다. 다가오는 선거에서 우리의 태도는 "가능한 곳에서는 사회주의자에게 투표하고, 그럴 수 없는 곳에서는 노동당에게 투표하시오"여야 한다.

개량주의의 위기

단순히 현재 겪고 있는 위기의 결과로 개량주의가 무너지지는 않을 것이다. 왜 그런지 알기 위해서는 우선 노동자들이 개량주의 사상을 갖게 되는 근본 이유를 살펴보아야 한다. 그러기 위해서는 자본주의 사회에서 노동자들이 처한 사회적 위치에 주목해야 한다. 이 위치는 모순적이다. 한편으로, 노동자들의 집단 노동은 사회적 생산의 기초다. 자본주의가 태어날 때부터 노동자들의 노동이 없었다면 증기기관은 작동할 수 없었을 것이고, 역직기는 베를 짤 수 없었을 것이며, 선박은 건조될 수 없었을 것이다. 오늘날도 마찬가지로 노동자들의 노동이 없다면 발전소는 돌아가지 않을 것이며, 자동차와 비행기는 생산되지 않을 것이고, 수퍼마켓은 문을 열지 못할 것이다. 이것은 사회의 운명을 결정할 수 있는 엄청난 잠재력을 노동자들에게 부여한다.

다른 한편으로, 오늘날 노동자들은 자본주의 초창기에 그랬던 것과 마찬가지로 생산수단을 이용할 수 있는 권한이 없다. 과거에 섬유공장이나 백화점이 임금노동의 조건에 동의하는 노동자들만 생산수단을 이용할 수 있게 허용했던 것과 꼭 마찬가지로 오늘날의 자동차 공장, 콜센터, 수퍼마켓도 그러하다. 임금 수준과 마찬가지로 노동 시간, 노동 형태, 노동 조건을 아직도 주로 고용주들이 결정한다는 사실은 그 때나 지금이나 변하지 않았다. 고용주에게 노동력을 팔아야 한다는 사실 때문에 노동자들은 '노동 시장'의 변덕에 직면해 자기 자신을 무기력하다고 여기면서, 자기의 운명을 스스로 결정할 수 있다는 것을 깨닫지 못하게 된다.

이것이 바로 노동자 계급 사이에 퍼져 있는 모순적 의식의 근원이다. 그들은 부를 창출하는, 자본주의 사회에서 잠재적으로 가장 강력한 계급이다. 그리고 자본주의 사회의 운명은 노동자 계급의 경제적·정치적 행동에 달려 있다. 그러나, 그와 동시에, 그들이 끊임없이 떠올리게 되는 사실은, 시장의 힘이 허용할 때만 그들은 일을 할 수 있다는 것과 그들의 운명이 이런 비인간적인 힘에 매여 있고 스스로 만들어 낸 바로 그 부(富)에 그들이 종속된다는 것이다.

이런 상황이 노동자들의 정신에 반영되는 최초의 형태는 모순적인 욕구—한편으로는 자본주의 사회를 변화시키려는 욕구와, 다른 한편으로는 그런 변화가 지배계급이 설정한 한계를 넘어서는 안 된다는 생각—를 서로 결합시키려고 하는 의식이다. 개량주의는 이런 의식이 취하는 가장 특징적인 형태 가운데 하나다. 개량주의가 제도화하고 구체화하는 관념은, 사회를 변화시킬 필요가 있긴 하지만 그런 변화는 체제가 설정한 경제적·정치적 한계 안에서만 일어나야 한다는 것이다. 노동조합 운동, 즉 노동자들이 착취당하는 조건을 개선하려는 욕구는 이런 과정의 한 가지 표현이다. 그러나 노동조합 운동은 주로 경제적 차원에서 작용함에도 노동자들이 어떤 종류의 정치 조직을 건설해야 하는가 하는 문제를 제기한다. 개량주의 정당은 가능한 대안 가운데 하나일 뿐이다. 비록 많은 노동자들이 처음에는 그것이 가장 그럴듯한 조직이라고 여기지만 말이다.

바로 이 때문에, 때로는 더 좌파적이거나 때로는 더 우파적인 개량주의 의식이 오랜 시기 동안 노동자 계급 대다수의 생각을 지배하는 것이다. 결국, 혁명적인 사상이든 노골적으로 반동적이거나 보수적인 사상이든 똑같이 오랜 기간 동안 노동자 계급 내에서 소수의 흐름으로 남아 있게 된다.

하지만 개량주의 의식을 이렇게 설명하는 데는 한 가지 문제가 있다. 이런 분석을 통해서 우리는 개량주의가 대다수 노동자들의 "자연스런" 고향이라는 결론을 내리기가 쉽다. 하지만 역사적 경험을 보면 그렇지 않다는 것을 분명히 알 수 있다. 역사적 변화의 결정적인 순간에 대다수 노동자들이 받아들이게 되는 생각은, 그들 스스로 만들어 낸 기구로 제도화된 자신들의 권력을 직접 사용해 기존 사회를 변화시킬 수 있다는 믿음이다. 예컨대 1917년의 러시아, 1918년과 1923년 사이의 독일, 1936년의 스페인, 1956년의 헝가리, 1980~81년의 폴란드 상황이 그랬다. 그런 격변은, 노동자들의 이데올로기 안에 존재하는 개량주의적 타협을 붕괴시킨 많은 소규모 위기들과 함께 근본적으로 체제의 경제 불안정에서 자라나온 것이다. 자본주의가 노동자 계급 대중의 경제적·사회적·정치적 열망을 충족시킬 수 없을 때, 이 체제 안에서 노동을 통해 우리에게 필요한 것 가운데 일부를 얻을 수 있다는 가정은 도전받는다. 그럴 때 혁명적 소수가 성장해 다수가 되는 것은 가능해진다. 이제 이런 혁명적인 의식이 언제나 충분히 형성되는 것도 아니고, 제도적으로 표현되지도 않으며, 따라서 결국 과거의 모든 혁명에서 늘 성공적이지도 않았다는 바로 그 문제를 살펴볼 필요가 있다.

자본주의는 경제적·사회적·정치적으로 너무 불안정해서 노동자 계급의 개량주의 의식을 지탱해 주는 계급 타협을 주기적으로 허물어 버린다. 노동당은 현재 그런 위기에 붙잡혀 있다. 4반세기 넘게 자본주의 체제는 위기의 부담을 점차 노동자들의 어깨 위로 떠넘기려 해 왔다. 경제 성장은 전후 호황기보다 훨씬 더 느려졌을 뿐 아니라 1980년대보다 1990년대에 더 낮았다. <파이낸셜 타임스>가 보도했듯이, "1980년대에는 경기 순환 1주기당 경제성장률이 연간 3.3퍼센트였던 반면에 1990년대에는 3.1퍼센트였다는 것을 명심하라."[9]

노동당은 노동자들을 공격하는 이런 장기 순환의 결과를 붙잡고 씨름하고 있다. 노동당이 재빨리 내놓은 해결책들은 실패로 돌아갔고, [자본주의] 체제는 대중 교통과 의료, 교육 같은 핵심 부문을 더 실질적으로 재건하는 데 필요한 자원을 보유하고 있지 않다. 이로 인해 많은 노동당 지지자들은 보수당 집권기에 그랬던 것과 마찬가지로 엄청난 곤경을 겪고 있다. 그 중 일부는 생활이 사실상 더 나빠졌다. 1995~96년과 1997~98년 사이에 (국민 평균 소득의 5분의 2 미만인) 저소득 계층의 수는 1백만 명 이상 증가해 전체로는 8백만 명에 달한다. 1998년에 정부의 공식 빈곤선 아래서 살아 가는 사람들이 1천4백만 명이었다. 여기에는 4백4십만 명의 어린이도 포함되는데, 이를 1979년의 1백7십만 명과 비교해 보라. 실업 수준이 빈곤에 미치는 영향은 심각한 것이다. 그리고 비록 노동당이 실업급여를 받는 사람들로 계산된 공식 실업률이 25년 만에 낮아졌다는 것을 자랑하고 있지만, 현재 유급 노동을 원하면서도 구하지 못하고 있는 사람들이 실제로는 4백만 명에 달한다.[10]

경기 순환의 상승 국면과 맞아떨어졌던 노동당 집권 1기의 엄청난 행운과 재정 부양 정책에도 불구하고 블레어와 그 각료들이 이런 구조적인 문제들을 효과적으로 다룰 수는 없었다. '신정책 연구소'의 공동 이사인 피터 켄웨이가 주장하듯이,

> 최근 발표된 예산안에 담긴 조치들이 가난과 사회적 배제의 흐름을 바꾸는 데 성공할 수 있을지 여부는 시간이 지나야 알 수 있다. 그러나 이런 수치들은 경기의 호전과 실업률 하락이 그 자체로는 충분치 않다는 것을 보여 준다. 이런 문제들을 다루는 정부의 정책들이 그 본색을 드러내기 시작함에 따라, 빈곤의 수준은 1990년대 초에 최고조에 달했다.[11]

1990년대 초에 그런 정점에 도달한 것은 보수당 장기 집권의 결과였을 뿐 아니라 1990년대가 심각한 경기후퇴의 시기였기 때문이기도 하다. 지금까지 노동당은 그런 시기 내내 통치하는 것을 피할 수 있었는데, 그것은 주로 1997년에 동남아시아와 러시아에서 발생한 [경제] 붕괴가 서방 산업국으로 번지는 것을 피하기 위해 미국이 취한 경기부양 조치 덕분이었다. 그러나 노동당이 이런 위기를 영원히 피할 수는 없을 것이다. 경기후퇴는 노동당을 지지하는 유권자들이 생활하는 물질적 조건들을 악화시킬 뿐 아니라, 신노동당의 이데올로기 사전에 가장 소중히 간직된 신화들 중 일부를 크게 손상시킬 것이다.

그런 신화 가운데 한 가지는 호황이 "신경제"의 결과라는 것이었다. 신노동당은 미국의 경제 전문가들과 클린턴의 정치 참모들한테서 "신경제" 이론을 대량으로 사들였다. 그것은 바로 경기 순환이 끝났으며, 유연한 새로운 시장과 신기술 기업들이 경기 순환의 재발을 확실히 방지할 것이라는 믿음이었다. [재무장관] 고든 브라운은 1980년대 말— 전후 최악의 경기후퇴 중 하나가 일어나기 직전— 에 [당시 재무장관] 나이젤 로슨이 연설에서 썼던 문구를 가끔 되풀이하는 듯했다. 그런데, 전에는 신경제 이론의 주요 지지자 노릇을 했던 사람들이 이제 또다시 의구심을 나타내고 있다. <파이낸셜 타임스>는 다음과 같이 주장한다.

경기 순환은 확실히 살아 있다. 그것을 보고 놀라는 사람은 아무도 없다. …… 신뢰할 수 있는 통화정책이 버티고 있는 유연한 경제에 서도 경기 순환은 자주 발생했고 발생할 수 있다. 필요한 것은 팽창하는 신용과 강력한 주식 시장으로부터 연료를 공급받는 대규모 투자 확장뿐이다. 사실, 경기 순환이 사라졌다는 믿음이 확고하면 확고할수록 경기 순환의 가능성과 신빙성은 더욱 커진다.[12]

이제 <파이낸셜 타임스>는 신노동당의 다른 경제적 상징인 이른바 닷컴 혁명의 소생 능력을 인정하지 않는다.

인터넷 열풍은 남해회사 거품사건(South Sea Bubble)[1720년에 영국에서 수많은 투자가들을 파산시킨 투기 사건]의 약간 덜 불합리한 재판(再版)처럼 보인다. 정보 기술은 산업혁명 이래 가장 큰 변화라는 생각은 역사적 무지의 소치다. 1880년과 1940년 사이에 있었던 기술 변화의 범위와 격렬함은 그 후에 일어난 변화를 훨씬 능가한다.

그런 변화에는 새로운 에너지원(전기와 석유), 새로운 산업(자동차 산업과 제약업), 새로운 상품(자동차, 세탁기, 전화, 라디오, TV, 페니실린)이 포함된다. 그런 변화는 생산품과 생산방식을 완전히 바꿔 버렸다. 사람들의 생활 방식도 바꿨다. 그 모든 것과 비교하면, PC는 물론 인터넷도 하찮게 보일 지경이다.[13]

노동당 집권 2기의 경제 전망은 밝지 않을 듯하다. 또 다른 경기후퇴가 가져올 사회적·정치적·이데올로기적 충격은 개량주의의 위기를 더 심화시킬 가능성이 크다.

이런 위기 때문에 불거지는 문제는 노동자 계급 내에서 신노동당과는 다른 사회주의적 대안의 발전을 촉진하거나 저지할 수 있는 조직과 제도 들은 어떤 것인가 하는 점이다. 이것은 매우 중요한 문제다. 왜냐하면 아직까지 어떤 경제·사회 위기도 그 자체로 충분히 개량주의 의식을 혁명적인 의식으로 대체시킬 수는 없었기 때문이다. 개량주의 의식은 항상 특정 이론, 이데올로기, 기구, 조직을 통해 구현된다. 그리고 그것이 혁명적인 의식으로 대체되는 것도 마찬가지다. 이데올로기와 이론은 언제나 조직의 형태로 구체화되고 대중화된다. 어떤 집단은 가능한 모든 수단 — 연설, 방송, 전자우편, 전화, 출판, 인쇄 — 을 통해 공통의 사상을 전파하기 위해서 조직해야 한다. 이런 사상에 부합하는 효과적인 활동은 정치적 인식이 있는 활동가들이 서로 협력하는 네트워크로 조직돼야 한다. 요컨대, 그런 활동에는 정치적 조직이 필요하다.

노조 지도자들과 사회민주주의 정당에 의해 조직되지 않은 개량주의는 취약하다. 짜르의 억압 때문에 개량주의 조직의 발전 수준이 낮았던 러시아에서 결국은 1917년에 짜르 체제가 붕괴했다는 것은 역설적이다. 그럼에도 대결 없이 [자본주의] 체제를 변화시키고자 하는 노동자들의 욕구에 편승해 개량주의 조직은 급속히 성장할 수 있고, 심지어 혁명 상황에서도 그럴 수 있다. 1970년대에 파시스트 독재가 무너진 뒤에 스페인과 포르투갈의 사회민주주의자들이 꼭 그렇게 했다. 그러나 혁명적인 조직들도 마찬가지로 급속히 성장할 수 있다. 특히 그처럼 유동적인 시기에는 더욱 그렇다. 만약 그들이 개량주의 의식과 개량주의 조직에서 나타나는 균열을 이용하는 방법을 알고 있다면 말이다.

오늘날 영국에서 그런 장기간의 이행기가 진행중인 듯하다. 1970년대에 전후 호황이 끝나고 뒤이은 10년 동안 느린 경제 성장이 계속되자, 의미 있는 개혁을 용인할 수 있는 개량주의자들의 능력은 제한됐다. 복지국가에 대한 합의와 일부 노조의 대 정부 영향력은 이제 크게 축소됐다. 노동당 조직의 적극 참가율은 가장 낮아졌다. 결과적으로, 정치 체제 전반에 대한 대중의 회의는 사상 최고 수준이다. 노조 활동가들이나 지역 활동가들이 노동당 정책과 맺고 있는 연계들은 전후 어느 때보다 더 취약하다.

그러나 이 모든 것에도 불구하고 노동당 정책은 결코 죽지 않았다. 개량주의 프로젝트를 매우 신봉하는 노조 지도자들의 말에 귀를 기울이고 그들의 영향을 받을 수 있는 노동자들이 노조 안에 아직도 8백만 명이나 있다. 현재 보수당의 취약성에도 불구하고 보수당이 가진 역겨운 권력 때문에 계급 의식적인 노동자들은 아직도 [노동당에] 충실하고 있다. 노동당 정책의 위기를 노동자 계급의 일보 전진을 위한 기회로 바꾸기 위해 필요한 것은 개량주의 조직을 다른 대안으로 대체하는 적극적인 활동이다. 개량주의가 그냥 사라지는 것은 결코 아니다. 대안적인 조직으로 구현된 더 우월한 사상이 언제나 개량주의를 적극적으로 대체해야만 한다. 개량주의를 따르는 노동자들은 노동당에 가입해 투쟁하는 것보다는 다른 방법으로 더 잘 자기들의 요구를 성취할 수 있다는 사실을 그들이 노동당, 즉 그들이 가장 소중히 간직해 온 열망을 지도부가 배신해 온 당을 버리기 전에 확신할 수 있어야 한다.

이런 일은 어느 날 갑자기 일어나지 않는다. 개량주의를 약화시키는 것은 장기적인 과정일 것이다. 노동자들이 그들의 옛 지도자들에 반대한다고 해서 바로 혁명적인 조직으로 떼지어 몰려오지는 않을 것이다. 그들은 '구노동당', 심지어 그것이 가장 우파적인 형태를 취한다 하더라도 구노동당을 재건하는 것이 필요하다고 여길지도 모른다. 분명히 많은 노동자들은 1980년대 초에 절정에 달했던 토니 벤 노선이 노동당 운동의 부활에 필요한 모델이 될 수 있다고 여길 것이다. 일부는 의회 정치에 절망해 이제 가능한 것은 단일 쟁점 운동뿐이라고 생각할 것이다. 다른 사람들은 이것과 반자본주의 운동에 참가하는 것을 결합시키기를 원하면서, 이제 급진파에게 최상의 선택은 정당이 아니라 운동이라고 생각할 것이다. 벤 노선의 패배부터 '밀리턴트' 그룹의 제명을 거쳐 켄 리빙스턴의 사퇴에 이르기까지 15년 또는 20년 동안 노동당 내의 우파가 좌파를 상대로 벌인 당내 투쟁을 통해서 한 세대의 활동가들이 [노동당에서] 추방됐다. 토니 블레어가 부상하면서 추방당한 활동가들이 대거 늘어났다. 결정적으로, 반자본주의 운동이 중심이 돼 이뤄진 더 폭넓은 운동의 부활은 그들을 혁명적 사회주의자들과의 공동 투쟁 전선으로 내몰았다. 이제 우리가 직면한 문제는 이런 새로운 환경 속에서 가장 효과적인 사회주의 운동을 어떻게 건설할 것인가 하는 점이다.

사회주의 사상의 경청자들

반자본주의 운동, 노동운동, 사회주의 운동을 건설하는 방법을 이해하기 위해서는 그런 운동이 현재 어떻게 구성돼 있는가를 분명하게 말할 필요가 있다. 그런 운동의 지배적인 요소는 반자본주의적인 것이긴 하지만 그것은 영국에서 반자본주의 활동가들의 수가 가장 많기 때문이 아니라 그것이 수많은 다른 투쟁들에 형태를 부여하고 더 폭넓은 이데올로기를 제공하기 때문이다. 혁명적 사회주의자들을 포함한 반자본주의 활동가들은 운동의 소수일지라도 그들의 주장은 훨씬 더 폭넓은 노동자층 사이에서 대단한 반향을 불러일으키고 있다. 때로는 활동가들과의 직접 접촉을 통해서, 또 때로는 그냥 반자본주의 저술가들의 저서와 기사들을 읽음으로써 그런 사상을 접한 경험이 있는 이들 노동자층은 더 의식적으로 반자본주의자들이 되고 있다.

공식 용어로 단일 쟁점 활동가라는 사람들이 새로운 운동에서 아직도 가장 많은 수를 차지할 것이다. 사람들을 결집시키고 있는 쟁점의 범위가 하도 다양한 나머지 눈이 부실 지경이다. [자본주의] 체제 전체에 매우 중요한 국제적인 캠페인도 있기 때문에 그런 운동들을 단순히 단일 쟁점 운동으로 치부할 수만은 없다. '주빌리 2000'의 외채 탕감 운동, '지구를 지키는 사람들'의 환경운동, 또는 제3세계의 노동 착취에 반대하는 운동들은 너무나 거대한 "단일 쟁점"을 다루고 있기 때문에 그런 운동이 정치적 성과를 거두기 위해서는 체제에 대한 더 포괄적인 비판이 필요하다. 그럼에도 그것은 통상적인 개량주의 정치의 경계 안으로 쉽게 흡수되지도 않는다.

그 다음에는 대중교통과 국민건강보험(NHS)의 사유화와 같은 국가적인 쟁점을 둘러싼 운동이나 신자유주의 교육 정책과 공공주택 매각 등에 반대하는 운동도 있다. 이런 운동들은 노동조합 행동과 일반 운동이 만나는 가장 그럴듯한 연결점이기도 하다. 반자본주의 운동은 체제에 대한 포괄적인 비판을 이런 투쟁들에 제공하고 있다. 그것도 과거에 주민세 반대 운동처럼 훨씬 더 참가자 수도 많았고 전투적이었던 운동도 할 수 없었던 방식으로 말이다. 철도 사유화에 반대하는 사람의 75퍼센트가 모두 스스로 반자본주의자라고 여기지는 않지만, 상당한 소수는 이제 시장에 대한 철저한 비판을 기꺼이 들을 태세가 돼 있다.

그밖에도 학교와 병원을 살리기 위한 운동, 쓰레기 매립지 부지 선정과 소각장 설치를 저지하기 위한 운동, 지역 공항의 활주로 개발 반대 운동이나 수영장·도서관 폐쇄 반대 운동 같은 대중적인 지역 운동들이 있다. 이런 운동들도 직접적인 목표 이상의 정치적 의미를 갖고 있다. 왜냐하면 지금 벌어지고 있는 이런 운동의 주변 환경이 그런 운동에게 전에는 없었던 일반적인 정치적 비중을 부여하기 때문이다. 이제 사람들은 "우리의 투쟁이 아무리 작을지라도 우리는 전국과 지방의 사유화 주창자와 기업들, 재계와 정부의 부자들, 기성 정당 대변인들과 그 정치적 상전들에 전적으로 반대한다."고 말한다.

하지만 더 많은 사람들이 노동조합 투쟁을 통해 이런 운동에 입문하기 시작한다. 노동조합 투사들은 쌔처 집권기에 겪은 패배 때문에 가장 큰 타격을 받았다. 그런 타격에서 회복되기까지는 오랜 시간이 걸렸고 지금도 완전히 회복되지 않았다. 그러나 파업에 우호적인 여론조사 결과가 거듭 보여 주듯이 급진적 의식은 이미 존재한다. 그리고 그것은 점차 행동으로 나타나고 있다. 우체국에서, 그리고 정도는 덜하지만 특히 자동차산업에서 노조 관료주의라는 장벽에 부딪힐 때를 제외하고는 투쟁의 파고가 계속 솟구치고 있다. 그러나 운동 수준[수위]이 일반적으로 상승하면서, 그리고 정부가 노조 관료조차 적대시함에 따라, 이렇게 솟구치는 투쟁의 물결이 마침내 분출할 가능성이 훨씬 더 높아지고 있다.

선거 전선에서도 몇몇 중요한 변화가 있었다. 최근에 신노동당에 대한 정치적 불만은 사회주의자들의 모든 활동 영역 가운데 가장 가망 없는 이 영역[선거]에서 표출됐다. 켄 리빙스턴이 노동당에서 떨어져 나오기로 결정하고 런던 시장 선거에서 독자적인 선거 운동을 펼친 것이 상황을 바꿔 놓은 계기였다. 리빙스턴의 실제 선거 운동은 결코 사회주의적이지도 않았고 매우 자제하는 분위기였다. 그러나 좌파 경력을 갖고 있고 아직도 "빨갱이 켄"으로 널리 알려진 인물이 노동당에서 떨어져 나와 매우 널리 알려진 선거 투쟁에서 노동당 지도부를 물리칠 수 있었다는 사실은 리빙스턴의 중도적인 정책보다 더 의미심장하다. 런던의 노동당 활동가들은 자기 당 후보를 위한 선거운동을 끝내 거부했다. 그 중 많은 사람들은 공공연하게 또는 은밀하게 리빙스턴을 지지했고, 일부는 런던 시의회 의원 선거에서 런던사회주의자동맹(LSA)의 후보들을 지지하기도 했다.

많은 지역에서 독립적인 사회주의자 후보나 지역운동 출신 후보들이 노동당 후보와 맞붙어 그들을 물리쳤다. 이것은 스코틀랜드 사회당(SSP)의 선거 승리에서 가장 분명하게 드러난 사실이다. 그리고 프레스턴, 코번트리, 번리, 키더민스터, 기타 지역에서도 사정은 마찬가지였다. 이런 사태 전개와 동시에, 노동조합 활동가들이 노동당에 대한 정치 자금 제공을 문제 삼는 경우가 늘어났다. 우체국 노조, 영국통신노조(CWU)가 이 문제를 토론할 예정이고, 소방대원노조(FBU)에서는 이 문제를 계속 논의해 왔다. 공무원 노조(PCS)의 선거에서 마크 서워트카가 당선된 것은 여기서도 사회주의자동맹에 대한 지지가 상승할 것임을 뜻한다. 모든 노조에서 이 문제를 제기하는 활동가들은 10년 만에 가장 우호적인 청중과 만날 수 있게 됐다.

그런데 이렇게 사회주의에 귀 기울이는 청중은 복합적이다. 그 중 일부는 직접 그리고 즉시 혁명적 사회주의 사상을 받아들일 태세가 돼 있다. 그러나 그렇지 않은 사람들이 더 많다. 그들은 혁명적 정치의 주장 가운데 소수 몇 가지를 제외하고는 혁명적 정치에 적대적이지 않다. 그들은 좌파를 재건하는 공동 프로젝트에서 혁명가들과 함께 활동하고 싶어한다. 그리고 그 과정에서 우리의 사상과 그들의 사상에 대해 기꺼이 토론한다. 노동조합은 분명히 노동자 계급의 역사가 우리에게 물려 준 매우 중요한 하나의 광장(포럼)이다. 그러나 우리가 새롭게 건설할 필요가 있는 새로운 조직들이 더 있다. 공동전선은 분명히 일반적인 운동의 공간에서 우리가 이용할 수 있는 하나의 공식이다. 예로부터 선거 공간이 제공하는 사회주의 운동의 모델들은 몇 안 됐다. 비록 우리가 이용할 수 있는 몇 가지 경험이 있긴 하지만 말이다. 이들을 각각 차례대로 살펴보자.

사회주의자, 현장 조합원, 노동조합

1960년대 말과 1970년대 초에, 제2차세계대전 이후의 장기 경제 확장은 주춤하기 시작했고 첫번째 주요 위기가 서방 경제를 뒤흔들었다. 호황기의 안정적인 조건과 완전고용 덕분에 영국의 노동조합들은 전통적인 핵심 제조업 노동자들뿐 아니라 많은 화이트칼라 노동자들을 받아들이면서 조합원 수를 늘릴 수 있었다. 많은 작업장에서 직장위원회가 뿌리 내리는 것도 가능했다. 직장위원들은 파업을 이용하거나 파업하겠다고 위협함으로써 경직된 노동시장에서 노동조건과 임금 수준을 결정할 수 있는 그들의 능력 덕분에 힘께나 쓸 수 있었다. 그런 파업들은 흔히 기간도 짧았고 요구도 제한적인 것이었다. 사정이 그랬기 때문에 그런 파업들은 노조 관료에 의지해 도움을 받을 필요가 없었고 따라서 흔히 비공인 파업들이었다.

경제가 주춤거리기 시작하자, 고용주와 정부 모두 이런 형태의 노동조합 조직을 "영국병(病)"의 원인과 동일시했다. 1960년대 말에 윌슨 정부는 ≪투쟁을 대신해≫(In Place of Strife)라는 백서를 통해 노조의 힘을 약화시키는 법안을 처음으로 제출했다. 이 계획에 대해 노조는 반란으로 응답했다. 그러나 그것은 이후 노동조합을 속박하려는 모든 시도의 원조 격이었고 여러 후속 조치들을 낳았다. 테드 히스가 이끈 보수당 정부의 노사관계법(Industrial Relations Act)은 그 중 하나였다.

노동조합에 대한 정부와 고용주의 공격이 경제 위기와 결합돼, 1960년대부터 성장해 온 좌파 및 직장위원회와 충돌했다. 처음에 그 결과는 보수당 정부에 대한 노동자 계급의 멋진 승리였다. 1972년의 파업은 히스의 노사관계법안을 좌절시켰고 1974년의 광부 파업은 정부를 붕괴시켰다. 그러나 노동당의 집권은 노동자 계급 운동의 치명적인 약점인 정치적 지도력의 취약성을 드러냈다. 노동당과 공산당의 정치적 영향력이 직장위원회에서 득세했다. 두 당의 정책은 노조와 정부 간의 "사회 계약"을 지지하는 것이었다. 그 정치적 결과는 직장위원 운동의 무력화였다. 노조 지도자들, 그리고 점점 더 관료화된 대의원들과 고참 직장위원들이 노동당 정부를 위해서 현장 조합원들을 단속함에 따라 실질임금은 하락했다. "불만의 겨울"에 폭발한 뒤늦은 반란에도 불구하고 노동자 계급 운동 안에서 대안적인 정치적 지도부가 등장하지 못함에 따라 1979년에는 쌔처가 총선에서 승리했다.

1980년대는 일련의 격렬한 계급 전투가 두드러진 시기였다. 1981년 철강 노동자 파업, 1984~85년의 광부 파업, 워링턴과 와핑의 인쇄공 파업, 부두 노동자와 선원들의 파업은 오래 지속된 격렬하고 방어적인 파업들이었고 현장 조합원들의 주도력이 미약했다는 특징을 갖고 있었다. 그 파업들은 모두 패배했다. 그것은 선진국의 노동자 계급 운동이 겪은 패배로서 가장 오래 지속된 것 중 하나였다. 지배 계급은 산업 국가 가운데 가장 가혹한 노조 규제 법안 몇 건을 통과시킬 수 있었다. 노조 지도자들은 굴복했다.

이런 충격적인 일련의 패배에도 불구하고 영국의 노동조합 운동은 여전히 활력을 유지하고 있었다. 비록 노조 활동가들의 자신감은 매우 낮았지만 말이다. 최고로 많았을 때 노동조합에는 1천2백만 명의 노동자들이 있었다. 지금 노조에는 8백만 명의 노동자들이 있다. 그러나 그런 쇠퇴의 주된 요인은 1980년대에 3백만 명 넘게 치솟았던 높은 실업률과 산업구조의 변화 때문이었다. 정부 간행물인 《사회 동향》에 실린 조사 보고서에 따르면, 노조 조직률은 1979년에 절정에 달한 이래로 "실질적인 일자리 상실의 시기였던 1992년에 가장 크게 하락했다. 그리고 고용이 다시 증대했을 때도 노동조합 조직률은 회복되지 않았다."[14] 이것이 뜻했던 바는 사람들이 노조가 있는 직장의 일자리를 잃었으며, 그들이 다시 일자리를 구했을 때는 전에 그들이 가입하지 않았던 더 취약한 노조가 있거나 아니면 노조가 아예 없다는 것이었다.

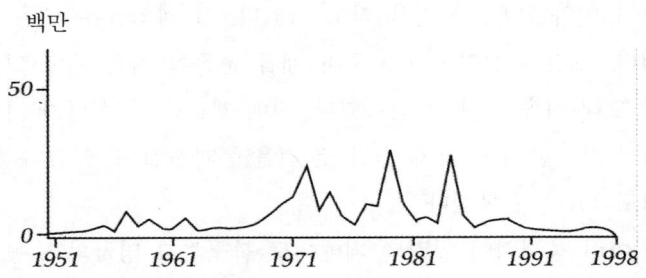

<그래프 1> 영국의 노동쟁의 — 노동손실 일수

하지만 레이건-쌔처 집권기에 흔히 나왔던 주장처럼 사람들이 이데올로기적으로 노동조합을 반대했기 때문에 노조를 탈퇴했다는 증거는 결코 찾아볼 수 없다. 전 종업원의 겨우 13퍼센트만이 노동조합으로 조직돼 있는 미국에서 전 종업원의 65퍼센트가 노동조합의 필요성을 인정하고 있고, 32퍼센트는 노조에 가입하고 싶다고 말하고 있다.[15] 영국의 여론조사 결과도 노동조합에 대한 지지율이 높다는 것을 보여 준다. 이 기본적인 사실은 지난해에 조합원 수가 늘어난 것에서도 알 수 있다. 부분적으로는 노동당의 노조 승인 법안 덕분에, 실제로 노조 승인 건수가 증가하기도 했다. 2000년도의 노조 승인 건수는

1999년보다 2배나 많은 159건이었다. 이런 노조 승인은 1980년대에 노동조합 운동이 가장 약화됐던 사기업체에서 주로 일어났다.

현재 일어나고 있는 일은 꽤나 명백하다. 비록 완전히 성숙한 형태의 반자본주의 정서는 아직 소수의 특징이긴 하지만 일반화된 반자본주의 정서가 계급의 훨씬 더 광범한 층에서 저항의 분위기를 고조시키고 있다. 이것이 이번에는 노조 내의 패배적인 분위기를 걷어 내기 시작함으로써 행동에 나서려는 조합원들의 규모와 의지에 영향을 주고 있다. 1990년대 초 통신 노동자들의 투쟁이나 노동당 정부 집권 초기 브리티시 항공(BA) 노동자들의 투쟁에서 볼 수 있듯이 이런 과정은 이미 1990년대에 미약하게나마 나타나고 있었다. 그러나 그것은 지난해에 더욱 뚜렷해졌다. 10만 명이 참가한 로버 자동차 시위, 대거넘의 포드 자동차 공장과 루턴의 복스홀 자동차 공장에서 있었던 소요 사태, 우체국 노동자들과 철도 노조의 거듭된 투쟁은 마치 그들이 산업 전선의 결정적인 투쟁으로 쏟아져 나온 것처럼 보였다. 지금까지는 그런 분위기가 고조되면 노조 관료가 그것을 가라앉히는 식이었다. 그러나 이제는 그런 과정이 산업 현장에서 정치적 불만의 초점을 형성하게 될 것이다. 정치적 불만은 이미 이 시대의 특징이 됐다.

어쨌든 분명한 것은 전투적인 노동조합 운동을 재건할 기회를 찾기 시작한 모든 노동조합에 점점 더 정치화된 소수가 이미 존재한다는 사실이다. 보통 그런 주도권의 전제조건이었던 높은 수준의 산업 투쟁이 존재하지 않음에도 자동차 산업과 우체국에서 성공적인 현장 조합원 신문 발행에 착수하는 것이 가능한 이유는 바로 이 때문이다.

사회주의자들의 과제는 조직을 성장시키고 고용주로부터 독립한 현장 조합원 행동을 고무하는 것이다. 그런 과제를 수행하기 위해서는 노조 관료로부터 독립적인 행동과 조직이 필요하다. 그리고 이를 위해서는 노동당에 충성하는 노조 지도자들로부터의 정치적 독립이 필요하다. 바로 이 때문에 혁명적 사회주의자들의 참여 없이는 효과적인 현장 조합원 지도부가 건설될 수 없다. 1970년대에 강력한 조직을 구축했던 직장위원 운동의 결정적인 약점은 공산당에 이데올로기를 의존한 것이었다. 새로운 현장 조합원 운동이 강력해지려면 사회주의자들이 그 핵심부에 존재해야만 한다. 이런 사회주의자들 가운데 일부는 혁명가들이겠지만, 혁명가가 아닌 사회주의자들도 노동당과 노동당을 지지하는 노조 지도자들로부터의 정치적 독립을 뜻하는 행동의 독립이야말로 효과적인 현장 조합원 운동의 요체라는 사상 쪽으로 그들을 끌어당겨야 한다.

공동 전선

수천 명의 새로운 활동가들이 정치적 행동에 나서고 있다. 그 과정에서 그들이 다루고 있는 쟁점은 학교 사립화부터 지구 온난화까지, 전신주 건립부터 제3세계 국가의 아동 노동 착취까지, 공공주택 매각부터 유전자 조작 농산물 재판까지 광범한 것들이다.

이런 활동가들 대다수는 분명히 혁명적 사회주의자들이 아니고 아마 스스로도 자신들을 모종의 사회주의자라고 여기지는 않을 것이다. 그러나 그들은 노동당의 당원이거나 노동당의 가치를 지키기 위해 헌신한다는 의미에서 확신에 찬 개량주의자들이 아니다. 그들이 비록 노동당을 지지하는 유권자들일지라도 그들이 노동당을 지지하는 것은 이데올로기적으로 신노동당을 열렬히 지지하기 때문이 아니라 보수당을 더 싫어하기 때문이다. 그들은 적극적으로 운동에 몰두하는 더 솔직하고 헌신적인 반자본주의 활동가들의 정서 가운데 많은 부분을 공유할 가능성이 크다. 그러나 그들이 반드시 노동자 계급을 사회 변화의 가장 중요한 세력으로 여기는 것은 아니다. 풀뿌리 운동에 헌신하다 보면 토니 벤이나 제레미 코빈과 같은 노동당의 좌파 하원의원, 언론인이자 활동가들인 조지 몬비엇, 수전 조지, 존 필저, 나오미 클라인, 마크 토머스, 폴 풋과 제휴하고 그들을 칭송하게 될 것이다.

현재 혁명가들의 가장 중요한 과제 가운데 하나는 좌파를 재건하기 위해서 이런 활동가들과 공동 활동을 벌이는 것이다. 이런 과제를 성공적으로 수행하려면 각각의 캠페인에서 공동전선이라는 개념이 핵심이다. 공동전선 개념은 노동자 계급 운동만큼이나 오래된 것이다. 최초의 전국 규모 공동전선은 차티스트 운동이었다. 그 근본 전제는 노동자 계급 운동의 서로 다른 층과 경향 사이에 존재하는 정치적 차이가 어떤 것이든지 간에, 지배 계급에 맞서 효과적으로 대항하려면 노동자 계급 공동의 목표를 둘러싼 행동 통일이 핵심이라는 것이다. 노동조합 운동의 기본 원리 — 뭉치면 살고 흩어지면 죽는다 — 는 공동전선의 기본 원리이기도 하다. 노동자들의 정치적 성향이 혁명적이든 노동당을 지지하든 심지어 보수당을 지지하든, 그것과 무관하게 임금과 노동조건이라는 근본 문제를 둘러싸고 의도적으로 그리고 올바르게도 모든 노동자들을 단결시키려고 하는 것이 노동조합이다. 공동전선은 흔히 공공주택을 옹호하거나 이민 통제에 반대하는 것과 같은 정치적 요구를 내걸고 단결한다는 점에서 노동조합과 다르지만 그 원리는 동일하다. 공동전선의 목적에 동의하는 어떤 노동자나 노동자 계급 조직도 배제돼서는 안 된다.

공동전선에 포함된 그런 기구들이 노동자들로 이뤄져야 한다거나 적어도 노동자들의 이익에 적대적이지 않아야 한다는 것이 중요하다. 모든 사람이 더 광범한 사회주의적 가치에 동의해야 한다는 것이 공동전선에 참여하는 조건이 돼서는 안 된다. 그러나 일반적인 투쟁이나 특정 쟁점을 둘러싼 투쟁, 예컨대 나찌인 영국 국민당이 주민세에 반대한다고 해서 그들을 주민세 반대 운동에 끌어들이는 지경까지 나아가서는 안 된다. 그것은 또한 노조 규제 법안에 반대하는 다양한 보수 우익 이데올로그들을 노조 규제법 반대 투쟁에 끌어들이는 것이어서도 안 된다. 그들이 그 법을 반대하는 것은 "큰 정부"가 노동 시장에 개입하는 것을 일절 반대하기 때문이다. 다른 계급 출신의 다양한 개인들이 운동의 목표를 공유할 수는 있겠지만, 그것은 그들이 전통적인 정치적 입장을 버림으로써 가능한 것이지, 그들을 받아들이기 위해 운동의 대의를 약화시켜서는 안 된다.

두번째, 어쩌면 더 커다란 위험은 공동전선이 단순한 잡담 장소로 변할 수 있다는 점이다. 물론 어떤 운동도 그 목표와 방법에 관한 토론이 필요하다. 그러나 단일 쟁점을 둘러싼 단결의 큰 장점은 합의에 도달하기 위한 광범한 매개 변수들이 운동 자체의 필요에 따라 결정돼야 한다는 것이다. 결국, 철도 재국유화나 국민건강보험(NHS) 감축, 공공주택 매각을 찬성하든지 아니면 반대하든지 둘 중 하나다. [이런 쟁점들을 둘러싼] 운동의 요체는 그 목표를 달성하기 위해 효과적이고 단결된 행동을 조직하는 것이다. 그런 행동이 더 효과적인 정확한 이유는, 그냥 두면 동의하지 않을 개인과 집단들을 불러모아 그들을 단일 쟁점으로 단결시키기 때문이다. 그러나 그런 단결은 행동이라는 결과로 나타날 때만 효과적이다. 명목상의 단결, 행동이 없는 단결은 단결하지 않을 때와 꼭 마찬가지로 아무것도 얻을 수 없다. 공동전선은 행동할 때만 공동전선이다. 그렇지 않다면 그것은 단지 토론 서클에 불과하다. 게다가 그런 토론 서클은 모든 사람이 그 쟁점을 둘러싸고 단결했으므로 그다지 재미있는 토론 서클도 아닐 것이다.

레온 트로츠키는 공동전선의 일반적인 개요를 다음과 같이 제시했다.

> ······ 공산당은 대중과 그 조직들이 프롤레타리아트의 역사적 발전 도상에 존재하는 한 아무리 온건한 목표일지라도 그 목표들을 추구하는 그들과 함께 공동의 전투를 수행할 태세가 돼 있음을 대중에게 입증해야 한다. 그리고 이 투쟁에서 공산당은 특정 순간마다 계급의 실제 조건을 고려해야 한다. 공산당은 대중뿐 아니라 대중이 그 지도력을 인정하는 조직들도 상대해야 한다. 공산당은 계급 투쟁의 실제 문제들을 대중이 보는 앞에서 개량주의 조직들에 들이대야 한다. 공동전선 정책은 공산당의 분열 책동이 아니라 사회민주주의 지도자들의 의식적인 사보타지 때문에 공동 투쟁이 무너지고 있다는 것을 공공연히 드러냄으로써 계급의 혁명적인 발전을 촉진한다.[16]

트로츠키는 1930년대의 대중적인 공산당과 대중적인 개량주의 정당들에 관해 쓰고 있지만, 훨씬 더 작은 오늘날의 혁명 조직들에도 그와 같은 일반적 태도가 적용될 수 있다. 그런 조직들은 대부분 규모가 작기 때문에 전국적인 노조 지도자들이나 전국적인 개량주의 조직의 지도자들과 합의에 도달할 수는 없을 것이다. 그러나 일부 노조 지도자들, 일부 지역 지도자들과 개량주의적인 국회의원들과는 틀림없이 그런 단결이 가능하다. 그리고 그런 태도가 바람직하다는 것을 알게 되면 혁명가들은 개량주의를 따르는 현장 노동자들과 자신들 사이에 불필요한 장벽을 세우지 않을 것이다.

위 글에서 트로츠키가 지적한 두번째 요점은 현재 상황에도 들어맞는다. 혁명가와 개량주의자들 사이의 차이가 개량주의 노동자들에게 명백해지는 것은 바로 공동 투쟁을 통해서다. 그것은 개량주의적인 노동자들이 개량주의자들에 이끌려 참가하고 있는 공동전선 내에서 혁명가들이 자신들과 개량주의자들을 구별짓거나 그들에 대항하기 때문이 아니다. 오히려 그것은 혁명가들의 투쟁 방법이 공동전선의 공동 목표를 달성하는 데 더 낫고 더 한결같으며 더 효과적이라는 것을 실천에서 보여 주기 때문이다. 그렇게 되면 개량주의를 따르는 노동자들은 더 일반적인 혁명적 정치를 받아들이게 될 것이다.

투쟁 목표가 아무리 제한된 것일지라도, 그리고 그 요구가 아무리 "개량주의적"인 것일지라도 투쟁 방법의 선택은 그와 관련된 더 폭넓은 정치를 반영할 것이다. 개량주의자들, 특히 개량주의 지도자들은 일반적으로 더 수동적인 투쟁 방법을 선호할 것이고 "여론을 거스르지" 않기 위해 애를 쓸 것이며 현장 조합원들이 아니라 노동운동 관료들에게 더 많이 의존할 것이다. 그들은 투쟁이 훨씬 더 광범한 효과를 낳기 시작하면 가장 먼저 후퇴하려 할 것이다. 그러나 개량주의를 따르는 많은 노동자들은 이런 관점을 공유하지 않을 것이다. 그들은 대중 동원이나 현장 조합원 행동 등과 같은 가장 효과적인 방법을 이용하고자 할 것이다. 이것은 혁명가들이 원칙의 문제로서 원하는 바이다. 혁명가들에게 마르크스주의의 근본 원칙, 즉 노동자 계급의 자주적인 행동은 혁명에서와 마찬가지로 모든 소규모 투쟁에서도 나타난다. 단지 가장 효과적인 투쟁 방법을 원하기 때문에 혁명가들과 똑같은 결론에 이르게 되는 개량주의적 노동자들과 혁명가들을 묶어 주는 것은 바로 이런 원칙이다.

이 과정은 개량주의적인 노동자들을 혁명적인 결론으로 이끄는 가능성을 열어 줄 수는 있지만 그 과정을 완성할 수는 없다. 이 때문에 다른 요인들이 필요하다. 그 중 한 가지는 더 넓은 세계의 충격이다. 투쟁 자체가 공동전선의 규모와 성격에 어느 정도 달려 있다면 그런 투쟁은 공동전선의 범위를 훨씬 넘는 문제들을 제기할 수 있다. 경찰, 국가, 언론매체의 역할은 모두 그런 투쟁 기간에 격렬한 토론의 주제가 될 수 있다. 갑자기 지구 반대편 멀리 떨어진 곳에서 일어나는 국제적 사건이나 투쟁들이 공동전선 활동에 참가하고 있는 노동자들과 관계 있는 것처럼 보일 수 있다. 그것도 전에 없던 방식으로 말이다. 그러나 그런 쟁점들의 의미를 완전히 끌어 내기 위해서는 노동자 계급 운동의 모든 경험을 현재 투쟁에 적용할 수 있는 그런 조직이 현존해야만 한다. 이것이 바로 개량주의 노동자들을 혁명적 사회주의 쪽으로 끌어당길 수 있는 결정적인 연결 고리다.

물론 특정 공동전선의 성격은 혁명가들과 개량주의자들 사이의 세력 저울만으로 결정되는 것은 아니다. 공동전선의 요구 사항에는 말할 것도 없고 공동전선의 성격에도 심각한 영향을 미치는 것은 더 광범한 계급 투쟁 상황이다. 1970년대 말에, 그리고 1990년대 초에 반(反)나찌동맹(ANL)이 일부 개량주의 정치인들, 대체로 개량주의적인 의식을 가진 많은 활동가들, 그리고 핵심적인 혁명적 사회주의자들과 함께 매우 효과적인 공동전선을 형성했다. 그러나 두 경우 모두 더 광범한 계급 세력 저울 때문에 정치적 보편화가 쉽지 않았다. 1970년대 말에는 노동쟁의가 쇠퇴하고 있었고 1990년대 초에는 아직도 침체의 여파가 남아 있었다. 이것은 더 폭넓은 투쟁에 미칠 수 있는 ANL의 영향력을 제한했다.

오늘날 많은 투쟁은 여전히 수세적인 성격을 띠고 있다. 그것은 바로 일자리, 노동조건, 노동조합, 복지국가에 대한 공격 ― 신자유주의는 이런 공격을 부추긴다 ― 이 계속되고 있기 때문이다. 하지만 많은 활동가들의 정치 의식이 발전하고 있기 때문에 공동전선 활동의 환경도 변해 왔다. 이 때문에 정치적 보편화의 가능성이 더 커졌고, 이와 함께 더 넓은 규모의 공동전선 활동에서 주도력을 발휘할 수 있게 됐다. 그리고 여러 해에 걸쳐 노동당 내에서 자행된 사회주의자들에 대한 공격과 신자유주의 정책 채택은 개량주의 지도자들의 강점과 개량주의 이데올로기의 힘을 약화시켰다. 그 결과 극좌파와의 단결에 찬성하는 "구노동당" 및 노동당 내 좌파 인사들의 수가 늘어났다. 그들 자신의 조직이 우경화하고 있기 때문에 신노동당 지지자들이 그들 자신의 현장 조합원들을 혁명가들의 영향력 아래서 빼내 끌어당기기가 더 어려워졌다. 또한 공산당의 해체는 노동당 간부들의 영향력을 약화시키고 있다. 과거에 그들은 이데올로기 지도나 극좌파 징계에 공산당을 이용했던 것이다.

선거와 사회주의자동맹

의회 민주주의 기구와 부르주아 국가 기구는 떼려야 뗄 수 없다. 의회 민주주의 기구는 사회주의 사회를 입법할 수 없다. 왜냐하면 지배계급이 그것을 허용하지 않을 것이고, 중요하게는 사회주의 사회를 만들기 위해서는 대다수 노동자의 능동적인 참여가 필요하기 때문이다. 따라서 사회주의 사회는 이런 원칙을 구현할 새로운 기구, 즉 민주적으로 선출된 노동자 평의회가 필요하다. 트로츠키는 공산주의 인터내셔널에서 초(얼트러)좌익에 반대하고 선거 참여에 찬성하는 주장을 펼 때조차도, 이런 원칙을 조심스럽게 재천명했다.

…… 의회는 거짓과 사기, 폭력 그리고 김샌 헛소리나 하는 도구로 변질됐다. …… 바로 그렇기 때문에 노동자 계급의 당면 역사적 임무는 지배계급으로부터 이 장치를 빼앗아 파괴하고 프롤레타리아의 새로운 권력 기관들로 대체하는 것이다.[17]

이것이야말로 혁명의 으뜸 원칙이다. 그러나 그것은 결코 혁명 전략과 전술의 전부는 아니다. 사실, 그것은 의회 민주주의조차 충분히 설명한 것도 아니다.

우선, 의회 민주주의는 부르주아 국가의 한 형태로서 어떤 상황에서는 혁명가들이 방어해야 할 대상이다. 예컨대 군부 쿠데타나 파시스트 봉기에 직면해서 의회 민주주의를 방어해야 한다는 대의를 혁명가들과 개량주의자들은 공유할 것이다. 물론 그런 투쟁 과정에서 우리는 혁명적 세력의 힘을 강화해 의회 민주주의를 더 우월한 형태의 민주적 기구로 대체하려 애쓰겠지만 말이다. 1917년 러시아에서 케렌스키 정부에 대항한 코르닐로프 쿠데타가 노동자 평의회에 패배한 뒤 10월에 그 노동자 평의회가 케렌스키 정부를 대체했을 때 바로 이런 일이 벌어졌다.

두번째로, 의회 선거와 의회 자체는 계급투쟁이 벌어지는 결정적인 장소는 아니지만 계급투쟁을 반영한다. 선거주의 문제에 관한 공산주의 인터내셔널의 논쟁에서 레닌은 다음과 같이 주장했다.

> 의회 투쟁에 참여함으로써 우리는 엄청난 시간을 낭비하고 있다는 주장이 여기 있다. 모든 계급이 의회에 참여하는 것만큼 다른 어떤 기구에 참여하는 것을 상상이나 할 수 있을까? 그것은 인위적으로 만들 수 없다. 만약 모든 계급이 의회 투쟁으로 끌려 간다면, 그 이유는 계급 이익과 계급 충돌이 의회에 반영되기 때문이다. 만약 총파업이 어디서나 가능하고 그로 인해 단 한 번의 일격으로 자본주의를 타도할 그런 총파업이 지금 당장 벌어질 수 있다고 가정해 보자. 그렇다면 이미 혁명은 수많은 나라에서 일어났을 것이다. 그러나 우리는 사실을 직시해야 한다. 의회는 계급 투쟁이 벌어지는 하나의 무대다.[18]

따라서 혁명가들의 의회 선거 참여는 노동자 계급의 의식과 전투성을 증대시키는 — 기존 의회 체제를 옹호하는 사람들이 바라는 것과는 정반대의 효과 — 한 방법일 수 있다. 노동자들이 자본주의 체제에 대한 불만을 치료하기 위해 의회민주주의에 의존하는 한, 혁명가들은 선거에 참여함으로써 자신들의 견해에 귀 기울이는 청중을 발견할 수 있을 것이다. 볼셰비키는 10월 혁명 **뒤에도** 여전히 의회 선거, 즉 제헌의회 선거에 참가했다. 그런 혁명적인 선거 운동의 목적은, 유권자들이 혁명가들을 선출하기만 하면 의회 체제가 노동자들의 문제를 해결할 수 있다고 주장하는 사람들을 출마시킴으로써 노동자들의 원자화를 심화시키는 것이 아니다. 그와 반대로, 보통은 주류 정치 논쟁에서 배제된 노동자 계급의 요구를 큰 소리로 표현하고, 아래로부터의 행동을 선동하며, 이미 싸우고 있는 노동자들을 지지하고, 일반적인 사회주의적 선전을 수행하고, 지배 계급과 개량주의 정당을 비판하는 것이 바로 그런 선거 운동의 목표다.

직장위원 운동의 고참이자 영국공산당의 초기 지도자였던, J. T. 머피는 공산주의 인터내셔널의 논쟁에서 이 점을 지적했다.

> 우리가 직면한 문제는 세계 앞에서 우리 자신의 순수성을 지키는 것이 아니라 노동자 계급의 기구는 물론 적진 속으로도 침투해 혁명적 투쟁을 수행하는 것이다. …… 노동자들이 처한 상황의 변화는 이런 전술들을 전투적인 운동에도 강요하고 있다. 파업을 감행하는 것이 언제나 가능한 것도 아니고 파업 투쟁의 열기가 항상

유지되는 것도 아니다. 정면 공격이 …… 가능할 때도 있다. 그러나 가능한 역량을 모두 모으고, 후퇴하고, 측면 공격을 시도하고, 여기 저기서 저항하는 것, 요컨대 우리의 힘을 모으기 위해 무엇이든 해야 하는 것이 필요할 …… 때도 있다. 바로 그런 상황에서 우리는 의회 내 선동이 가진 힘의 가치를 인식하게 되고, 바로 그런 상황에서 우리 운동은 그런 힘을 활용하도록 강요받는 것이다.[19]

머피는 계속해서 경고하기를, 만약 혁명가들이 선거 영역에서 그들 자신의 지도자들 — 그들이 하원의원이든 아니면 오늘날 더 흔한 것처럼 단지 지역에서 지도자로 인정받는 후보든지 간에 — 을 내세우지 못한다면, 혁명가들은 개량주의자와 기성 정당에 의존하게끔 강요받는다고 주장한다.

이런 상황과 이런 경험 때문에 우리는 투쟁의 다양한 측면을 깨닫게 된다. 따라서 공산주의자 의회 대표단 같은 무기를 던져 버리고 스스로 자유당원과 개량주의적 노동당원에게 도움을 구해야 하는 수치스런 처지에 빠지는 것은 어리석음의 극치다. 우리는 투쟁의 다양한 요구들을 충족시키는 방법을 알고 있고 필요하다면 적들과 뒤섞이는 것도 두려워하지 않는 …… 혁명가로서 싸워야 한다.[20]

이런 선거 운동이 항상 가능하지는 않다. 때로는 혁명적 좌파의 힘이 너무 약해서 믿을 만한 선거 운동을 건설할 수 없고, 때로는 전체적인 계급 세력 저울이나 선거 공간의 정치 세력 저울이 그다지 우호적이지 않아서 꽤 큰 규모의 혁명 정당조차 성공적으로 선거 운동에 개입할 수 없다. 이미 1970년대에 영국의 사회주의노동자당(SWP)은 선거에 출마했다. 사회주의노동자당의 결과는 보잘것없었지만, 다른 사회주의자들이 얻은 표도 질적으로 더 나은 것은 아니었다. 근본 문제는 계급투쟁이 침체하기 시작했고, 많은 좌파의 관심이 점점 더 노동당 좌파에 쏠렸으며, 결과적으로 혁명가들이 선거를 주도할 만한 여지가 없었다는 점이다.

오늘날은 상황이 다르다. 가장 중요하게는 개량주의 정치의 주춧돌이 되는 거의 모든 근본 쟁점들(실업, 복지국가 재정, 연금, 대중교통과 대기업 규제)에서 대중적인 분위기는 노동당 지도자들 왼쪽에 있다. 좌파가 노동당을 바라보고 있는 것도 아니다. 1980년대 초에 토니 벤 노선이 절정에 달한 이래로 노동당 내 좌파는 거의 근절됐다. 지금 많은 좌파가 표류하고 있는데, 그 중 많은 수가 이미 노동당에서 나왔거나 쫓겨난 사람들이고, 당원으로 남아 있는 나머지는 죽어지내면서 블레어 노선과는 다른 사회주의적 대안을 찾고 있다. 그들은 반자본주의 시위로 상징되는 새로운 저항의 분위기에 열광하면서 그 가치를 공유하고 있다. 많은 사람들이 이미 단일 쟁점 활동가들이다. 그러나 그들은 점점 더 정부의 실패에 대한 더 폭넓은 정치적 해답과, 좌파를 재건할 수 있는 사회주의적 해답을 찾고 있다. 바로 이런 맥락에서 머피가 지적한 또 다른 점은 상기할 만한 가치가 있다.

산업 조직 이외의 중심에서도 위기는 시작된다는 사실을 잊지 말아야 한다. 우리는 의회가 법안과 조치들을 도입하는 것을 여러 차례 목격한 바 있다. 대중의 경제 생활과 사회 생활에서 선동이 전혀 없다면 …… 그 의회가 작동할 때 의회 밖의 운동은 결정적인 영향을 받게 될 것이다. 의회 밖의 조직 운동과 활발하게 접촉하는 혁명가들이 의회 안에 있다면 …… 이런 조치들은 의회 안에서의 반대를 위한 신호일 뿐 아니라 의회 밖의 투쟁을 위해 대중을 고무하고 그들의 힘을 동원하는 신호이기도 할 것이다.[21]

머피가 국회의원의 역할에 관해 지적한 점은 일반으로 선거 정치와 직접 투쟁의 관계에도 적용할 수 있다. 원칙적인 사회주의자가 벌이는 선거 운동이라면 저항과 시위, 파업을 강화하고 심지어 주도할 수도 있다.

작년에 영국의 극좌파는 선거 정치에서 일부 신선한 경험을 얻었다. 선거 분석가 존 커티스는 스코틀랜드사회당과 사회주의자동맹의 최근 보궐선거 결과를 두고 "기본적으로 전후 영국 좌파가 거둔 최고 기록"이라고 평가했다. 부활하는 운동의 성격과 개량주의의 위기는 선거 개입이라는 사회주의자동맹의 독특한 특성을 불렀다. 예컨대, 사회주의자동맹은 공산주의 인터내셔널이 묘사한 방식이나 1970년대 사회주의노동자당이 실행했던 것처럼 혁명조직에 의한 단순한 선거 개입이 아니라는 것은 분명하다. 동맹 내의 일부 극좌 그룹의 열망에도 불구하고, 프랑스의 혁명적 공산주의 동맹(LCR)과 노동자 투쟁(Lutte

Ouvriere)이 연합공천을 했던 것처럼 혁명적 좌파의 동맹에 의한 선거 개입은 더더구나 아니다. 분명히 극좌파의 대부분이 공동 선거 운동에 참여하는 것은 성공의 중요한 전제조건이었다. 이것은 부분적으로 영국의 선거 제도 아래서는 분열이 특히 가혹한 대가를 치르기 때문이다. 더 중요한 것은, 극좌파의 공동 선거 운동은 그들 자신의 대열보다 훨씬 많은 사람을 끌어들이는 효과를 낸다는 점이다. 단결은 선거 참여의 진지함을 상징하고, 또한 거기에 가세한 다른 사람들이 자기 생각을 주장하고 사회주의자동맹의 미래에 관한 진정한 토론에 참여할 수 있도록 해 준다. 이런 식으로 주로 극좌파가 주도하는 선거 운동은 그 대열로 옛 노동당 지지자들을 상당수 끌어들이기 시작하고 있다.

따라서 사회주의자동맹은 선거 공간에 적용된 특별한 종류의 공동전선으로 여기는 것이 가장 좋다. 그것은 최소강령을 둘러싸고 벌어지는 공동 캠페인에서 개량주의 내 좌파 활동가들과 혁명가들의 단결을 추구한다. 사회주의자동맹은 노동당에서 갈라져 나온 사람들과 혁명가들의 공통 관심사인 일련의 근본적인 노동자 계급 요구에 기초해, 노동당을 지배하는 우파와는 다른 사회주의적 대안을 제시하려고 노력한다. 선거 강령을 제시하는 혁명 조직이 발전시킬 정책과 사회주의자동맹의 정책 사이에 존재하는 형식적인 강령 조건의 차이는 별로 크지 않다. 그러나 실질적인 조직 방식은 서로 다르다.

우선, 이런 식의 사회주의자동맹을 만들기 위해서는 개량주의 또는 좌파적 개량주의 노동자 및 활동가들에게 선거에서 혁명 조직의 최소강령에 투표하라고 요구하는 것 이상이 필요하다. 그들과 비교적 안정적인 공동 조직을 건설하는 것이 필요하다. 혁명 조직의 선거 운동이 끝난 뒤에 그 지지자들은 그 조직에 가입할 수도 있고 그렇지 않을 수도 있지만, 만약 그들이 가세하겠다고 결심하지 않는다면 그 조직의 건설에 참여하지 않는다. 사회주의자동맹 안에서는 그들이 바로 그렇게 하도록 고무해 줘야 한다. 사회주의자동맹 구조의 장점, 새로운 정당을 선언하는 것이 아니라 공동전선으로 접근하는 방식의 장점은, 이 조직의 지지자들이 스스로를 혁명가라고 생각하든 아니면 개량주의자라고 생각하든 그런 구조와 방식 덕분에 젠체하거나 노골적이지 않고도 이런 작업을 계속할 수 있다는 것이다. 따라서 사회주의자동맹은 좌파 개량주의자들과 혁명가들이 단일 쟁점이 아니라 일반적인 사회주의 강령을 둘러싸고 높은 수준의 정치적 보편화를 이루며 참여할 수 있는 독특한 광장이 된다.

물론 공동전선의 고전적인 형태는 단일 쟁점 운동을 둘러싸고 이뤄지는 것이다. 만일 더 넓은 강령적 요구들에 바탕을 둔다면 그것들이 제기하는 쟁점들 때문에 좌파적 개량주의자들과 혁명가들이 서로 동의할 수 없고 공동 활동도 불가능해져서 결국은 분열하게 될 수가 있다. 안정적인 선거 조직을 통해 선거 공간에서 더 넓은 동의와 활동을 할 수 있는 가능성은 선거 시기라는 특정한 성격에서 나온다. 노동당 지도부의 급격한 우경화 때문에 많은 노동당 활동가들은 정처 없이 방황하게 됐고 따라서 혁명적 좌파와 협력하려는 의향이 더욱 강해졌다. 정치적 보편화가 증대하는 분위기는 적어도 일부 중요한 쟁점에서 혁명가들의 최소강령을 통일시켜 주었고, 노동 운동의 광범한 활동가층의 정서도 통일시켜 왔다. 단일 쟁점 운동의 비중이 커지면서 제기되는 문제는 그런 활동가들이 어떻게 더 넓은 정치 분야에 충분히 진출할 것인가 하는 점이다. 노동당은 그 활동가들이 벌이고 있는 운동과 대립되는 기구로서 만나거나, 아니면 더 넓은 의미에서는 그들의 목표에 반대하고 있다. 이런 활동가들 중 일부는 이런 경험을 통해서 혁명가가 될 수 있겠지만, 많은 활동가들은 그렇지 않을 것이다. 하지만 그러한 정치적 공동 활동이 일어날 수 있는 연결 기지를 혁명가들이 건설한다면 혁명가들과 함께 했던 정치적 활동은 그들에게 매력적인 선택으로 남을 것이다. 이런 근거지는 상대적으로 영속성이 있어야 하는데, 왜냐하면 선거 정치는 흔히 잇달은 경합에서 지지의 축적을 요구하기 때문이다.

물론 여기에는 위험이 도사리고 있다. 사회주의자동맹이 성공할수록 위험도 더 커진다. 위험은 옛 노동당 지지자들이 사회주의자동맹에 더 많이 참여하면 할수록 그들은 혁명가의 선거 계획이 아니라 개량주의 선거 계획의 특징인 태도와 방법, 그러한 정치를 함께 가져올 가능성이 점점 더 커진다는 점이다. 이런 공동 활동에서 혁명가들과 그 동맹자들이 언제나 동의하지만은 않을 것이다. 선거 운동과 직접 행동의 결합이 노동당

배경을 가진 사람들에게 언제나 자연스럽지는 않을 것이다. 법과 질서, '가정' 입법, 아일랜드 문제, 노동조합 관료의 역할 같은 쟁점에서 혁명가들이 다른 좌파들과 어느 정도 날카로운 의견 차이가 나는 것은 당연하다. 이 모든 것이 쉽게 해결되지는 않을 것이다.

이런 위험은 동맹 구조에만 독특한 것이 아니다. 그것은 레닌 시절의 공산당들에도 있었는데, 왜냐하면 많은 공산당이 기존 개량주의 조직과의 분열을 통해 형성됐다는 바로 그 이유 때문이었다. 그러나 그것이 오늘날 우리가 직면한 주된 위험은 아니다. 더 큰 위험은 종파주의 — 우리가 충분히 넓은 층의 개량주의 노동자들이나 활동가들과 접촉하지 못하게 되는 것 — 다. 그러나 장차 위협이 될 수 있는 오른쪽으로부터의 위험을 피하기 위해서는, 개량주의 배경을 가지고 사회주의자동맹에 참가한 사람들과의 끈기 있는 정치적 토론과 논쟁이 필요하다는 점을 우리는 지금 이해할 필요가 있다. 사회주의자동맹의 강령과 정책은 공통의 기반이지만, 그런 것을 알려 주는 더 넓은 정치와 그것들을 성취하는 데 필요한 투쟁 방법은 그렇지 않다. 혁명가들은 공동 활동의 배경 속에서 그런 것들을 획득해야 한다.

우리 앞에 놓여진 또 하나의 전망이 있다. 그것은 바로 노동쟁의의 부활이다. 이것이 선거 계획에 어떻게 영향을 미칠 수 있을까? 선거 활동은 항상 거리나 피켓 라인의 직접 투쟁 수준과 반비례 관계라고 생각하기 쉽다. 그러나 잠깐만 깊이 생각해보면 이것은 흔히 사실이 아님을 알 수 있다. ＪＴ 머피는 노동 쟁의 수준[수위]이 낮거나 노동 쟁의보다 다른 영역의 투쟁이 더 폭발적일 때 선거 활동이 얼마나 효과적일 수 있는지를 설명하고 나서 심지어 노동 쟁의가 정점에 있을 때조차 선거 활동과 노동 쟁의의 관계는 여전히 중요하다고 지적했다.

고용주 계급에 대항하는 노동자들의 어떤 중요한 투쟁도 의회 안에서 강력한 반향이 없다면 일어날 수 없다. 이것은 직장위원 운동의 경험에서 잘 드러났다. 그들이 거대한 산업 투쟁을 시작했을 때 국가 기구가 그들에 대항해서 가동됐고, 이에 따라 반의회주의자로 자처하던 사람들조차 노동당 의원들과 함께 행동하고 의회 기구 안에서 이루어진 선동의 일부가 되는 것이 불가피했던 경우가 많았다. 반의회주의자를 포함한 산별 노조 운동의 활동가들도 항의와 선동을 시작할 때 노동당 의원들과 의회의 다른 사람들이 제 구실을 해 줄 것을 기대하는 경우도 흔했다.[22]

직접적 투쟁들은 더 넓은 노동자 층을 정치화시킬 것이다. 게다가 그 중 일부는 즉시 혁명 조직에 가입할 것이다. 그러나 다수는 직접적 투쟁에서 처음 제기된 쟁점들을 표현하기 위해 선거 정치에 여전히 의존할 것이다. 혁명가들이 그런 쟁점들을 다룰 수 있고 이런 맥락에서 그들과 함께 활동할 수 있는 기회를 놓치는 것은 어리석은 일이다. 정말이지, 혁명가들이 이런 기반을 포기한다면 다른 좌파 조직이나 결국은 부활한 노동당 좌파가 우리가 무시한 기회를 얻을 것이라는 점은 불을 보듯 뻔하다.

노동 운동은 되살아나고 있고, 이것은 혁명가들에게 더 복잡한 임무를 부여한다. 침체기에, 특히 노동당 좌파의 패배 뒤에 노동 운동 활동가들이 직면한 선택의 여지는 뻔한 것이었다. 오른쪽으로 이동하거나, 나가떨어지거나, 혁명적 좌파에 합류하는 것이었다. 사회주의노동자당은 그에 맞게 접근하면서, 운동 내의 우경화 경향으로부터 당원들을 보호하는 데 우선 순위를 두었고, 비관주의과 패배주의에 대항하는 보루로서 혁명적 전통의 장점을 강조했다. 그러나 다시 떠오르고 있는 좌파 안에서 활동가들의 선택은 훨씬 복잡하고 흡인력이 강한 것들이다. 단일 쟁점 운동이나 반자본주의 운동, 노동조합의 재건이 바로 그런 것들이다. 이런 상황에 대응해 마르크스주의 전통의 장점을 선언하는 것만으로는 충분치 않다. 비록 지속적인 교육과 선전 활동이 어떤 시기에나 절대 필요한 것임에도 말이다. 그래서 지금은 더 많은 것이 필요하다. 모든 전선에서 좌파와 노동자 계급 운동을 재건하는 다른 사람들과 건설적인 연관을 맺는 것이 혁명가들에게 필요하다. 활동가들·캠페인 조직자들·직장위원들·현장 조합원 지도자들과 혁명가들 간의 유기적인 관계는 오직 그러한 활동을 통해서만 발전할 수 있다. 오직 그러한 공동 활동만이 노동자 계급 내에서 노동조합 관료와 노동당 정치인들과는 다른 대안을 제시할 수 있을 만큼 충분히 큰 지도력을 창출할 수 있다. 혁명적 정치의 영향력이 성장할 수 있는 상황은 오직 장기적이고 진지한 공동 활동만이 조성할 수 있다.

혁명 정당

부활하는 운동으로 인해 혁명 조직은 일련의 패배만큼이나 많고 어려운 도전에 직면하게 된다. 예를 들면, 볼셰비키 당이 깨진 것은 1905년 혁명이 실패한 뒤에 찾아온 내부 위기 때문만은 아니었다. 볼셰비키 당은 나중에 1905년 혁명으로 이어지게 될 운동의 고조를 둘러싸고 이미 분열돼 있었고, 성공적인 1917년 2월 혁명과 10월 혁명 사이에 가장 중대한 내부 위기를 겪게 된다. 점점 더 혁명가들에게 유리한 객관적 상황이 훨씬 더 큰 주관적 문제들을 야기할 수 있다는 것이 역설처럼 들릴지 모르지만 실제로는 결코 역설이 아니다.

혁명적 조직은 자신이 처한 상황에 따라 그 원칙을 수정하지 않는다. 그러나 그들은 자기들의 관점, 전략, 전술, 조직 형태, 정신적 습관, 심지어 말투조차도 [변하는 상황에 맞게] 바꿀 수 있고 바꿔야 한다. 한동안 그러한 전망과 조직 방식이 혁명 조직과 거의 동의어가 될 때가 있고, 때로는 오랜 기간 그럴 수도 있다. 많은 조직원들이 그런 관점과 조직 방식 외에는 조직에 대해 아는 바가 없을 수도 있다. 그들은 계급 투쟁에 관한 그 밖의 다른 사고 방식이나 행동 방식을 전혀 모를 수도 있다. 개선되든 악화되든 급격한 사태 변화는 이렇게 용인돼 온 관념들에 의구심을 느끼게 만들 것이다. 새로운 상황에는 새로운 수단과 새로운 관점이 필요하다. 낡은 활동 방식을 바꾸기 위해서는 주장과 토론과 실험이 필요하다. 훌륭한 대의를 지지하는 주장들이 그 자체로 모두 좋은 것은 아니다. 오래된 모든 것이 새로운 상황에서 전부 다 실패작이 돼 버리는 것도 아니다. 그리고 모든 실험이 성공하는 것도 아니고 그 결과가 항상 분명하지도 않다. 따라서 계급 세력 균형이 바뀌는 시기는 언제나 혁명적인 조직에서 격렬한 토론이 벌어지는 시기다. 트로츠키는 이런 과정을 다음과 같이 요약했다.

> 모든 정당, 심지어 가장 혁명적인 정당조차도 독특한 조직적 보수주의를 낳게 되는 것은 불가피하다. 만약 그렇지 않다면 그 정당에는 필수적인 안정성이 결여된 것이다. 이것은 전적으로 정도의 문제다. 혁명정당의 보수주의를 치료하는 데 필수적인 약은 일상 활동의 획기적인 변화, 주도적인 방향 설정, 대담한 행동과 결합돼 있어야 한다. 이런 특성들은 역사적 전환기에 가장 가혹한 시험을 치르게 된다.[23]

같은 글에서 트로츠키는 그러한 전환기에 일부 혁명가들 사이에서 두 가지 잘못된 대응이 나타난다고 경고한다. "그들 중 일부는 일반적으로 주되게 어려움과 장애물을 보고 …… 언제나 그런 것은 아니지만 어떤 행동을 피해야 한다는 편견 섞인 의도 아래 모든 상황을 평가하는 경향이 있다."[24] 이것은 더 제한된 과거의 가능성이라는 잣대로 현재의 기회를 평가하기 때문에 나타나는 반응이다. 2000년 5월의 런던 광역의회 선거에서 런던사회주의자동맹의 선거 운동을 둘러싸고 이런 식의 논쟁이 약간 있었다. 극좌파의 힘은 너무 약하고 리빙스턴의 노동당 탈당을 둘러싼 분위기는 너무 우파적이어서 수도[런던] 전역에서 선거 운동을 펼칠 수는 없다는 등등의 주장이 나왔다. 그것은 그럴듯하긴 했지만 가능성을 완전히 잘못 평가한 것이었다. 버밍엄의 로버 공장 폐쇄를 반대하는 항의 시위의 중요성과, 일반으로는 반자본주의 정서의 규모 및 급진성을 둘러싸고 비슷한 주장이 나왔다. 이런 주장을 반박하기 위해 여기서 이전의 분석을 반복할 필요는 없을 것이다. 단지 그것이 과거 역사적 전환점에서 나타났던 이전의 보수적 평가의 한 형태라는 점을 보여 주는 것만으로도 충분하다.

그러나 계속해서 트로츠키는 "피상적이고 선동적인 관점"이 두드러지는 두번째 위험이 혁명가들 속에서 나타날 수 있다는 점을 경고하고 있다. 이런 관점을 가진 혁명가들은 "어려움에 정면으로 부딪힐 때까지 어떠한 어려움도 결코 보지 못한다." 그리고 바로 이런 충돌의 결과로 "기고만장했던 낙관주의가 …… 결정적인 행동의 순간에 그 극단적인 대립물로 바뀌는 것은 불가피하다."[25] 당분간 영국 좌파 사이에서 이런 반응은 별로 두드러지지 않을 것이다. 비록 투쟁이 현재처럼 계속해서 회복된다면 그런 경향이 재빨리 발전할 수는 있겠지만 말이다. 그리고 그것은 국제적인 반자본주의 운동을 벌이고 있는 다양한 아나키즘들과 자율주의 경향 속에 이미 존재한다.

혁명적인 조직이 자체의 관성을 극복하고 이런 두 가지 위험을 피할 수 있다는 보장은 어디에도 없다. 정말이지, 이런 문제들을 완벽하게 피하는 것은 불가능하다고 확실하게 말할 수 있다. 그러나 다가올 투쟁에서 혁명적인 조직이 그런 문제들을 피하고 핵심적인 구실을 할 수 있는 가능성은 두 종류의 뿌리를 내린 혁명가들에게 주로 달려 있다.

한 가지 뿌리내리기는 당원들이 마르크스주의 전통을 이해하고 있는 깊이와 관련돼 있다. 이런 이해가 깊을수록, 조직이 더 완전하게 마르크스주의 전통에 뿌리박고 있을수록, 현재를 더 잘 이해하기 위해서 이론적인 것이든 역사적인 것이든 과거의 경험을 되살릴 수 있는 가능성이 더욱 크다. 차티즘이나 독일의 반파시즘 투쟁에 관해서 알고 있는 사회주의자가 공동전선을 더 잘 이해할 수 있을 것이다. 레닌의 당 이론의 배경에 비춰 보면 혁명가들이 직면한 어려움을 더 완전하게 파악할 수 있을 것이다. 물론 단순 암기로는 충분하지 않을 것이다. 단순 암기는 마르크스주의자들이 계급투쟁의 새로운 발전에 방어적으로 반응하도록 부추길 뿐이다. 모든 이론, 모든 역사적 경험은 될수록 깊이 이해할 필요가 있을 뿐 아니라 새로운 환경에 창조적으로 적용할 필요가 있다.

이렇게 이론을 창조적으로 적용하기 위해서는 두번째 뿌리내리기가 필요하다. 조직원들이 계급투쟁에 뿌리내리는 것이 필요하다. 이것은 일상적인 전투에 적극적으로 참여하는 문제를 훨씬 뛰어넘는 것이다. 비록 그것이 절대 필요한 것이긴 하지만 완전히 뿌리내린다는 것은 이보다 더한 것을 뜻한다. 그것은 계급 세력 저울에 관한 일반적인 사회학적·경제적·정치적인 상(像)을 갖는 것, 언론에 나오는 일상사, 여론조사와 정부 통계를 탐구하고 해석하는 것을 뜻한다. 그것은 모든 직접·간접적 경험을 통해 노동자들과 활동가들, 캠페인 조직자들의 의식 상태를 평가하고 분석하는 능력을 뜻한다.

이 과정에서 사활적인 부분은 노동운동이나 반자본주의 운동의 최상급 투사들과 유기적인 관계를 맺고 이를 더욱 발전시키는 것이다. 이렇게 하기 위해서는 가끔은 상당 기간 이상 그들과 함께 작업하고, 그들을 조직하고, 그들과 토론하고 논쟁하는 것이 필요하다. 사회주의노동자당은 오랜 기간의 정치적 선전기에서 빠져나왔다. 우리는 흔히 우리의 희망과는 사뭇 반대로 비교적 소수의 청중에게 사회주의 정치의 올바름을 입증해야 하는 지경으로 내몰리곤 했다. [이제] 그런 필연성은 쇠퇴하고 있다. 지금 우리는 급진화한 운동을 상대로 사회주의 선전을 수행하는 새로운 방법과 더 큰 규모로 선동하고 조직하는 능력을 결합할 필요가 있다.

계급의 최상급 투사들과 유기적인 관계를 맺고 있는 당이 없다면 우리는 그렇게 할 수 없다. 가까운 미래에 그들이 사회주의노동자당의 당원이 되는 걸 우리가 바라든 바라지 않든 간에 말이다. 그러므로 모든 당원들은 이탈리아의 혁명가 안토니오 그람시가 "유기적 지식인"이라고 불렀던 것으로 변모해야 한다.

그람시는 지식인이라는 개념을 보통 사용하는 의미로 사용하지 않았다. 그는 그냥 노동 대중 위에서 출세하고 교육받은 전문가 엘리트를 가리킨 것이 아니다. 그람시는 모든 노동에는 어느 정도 지적인 노력이 필요하다고 생각했다. 더욱이 정신 노동은 협소한 의미의 노동을 할 때 사용하는 정신적 능력만을 뜻하지 않는다. 더 중요하게는 사람들이 이 세계에서 자신들의 사회적·정치적 위치를 바라보는 방식에 관한 것이고, 그들이 더 넓은 사회의 본질에 적합한 자신들의 삶에 대해 어떻게 생각하는가에 관한 것이다. 모든 사람이 이런 문제에 대한 [그 나름의] 정신적 개념을 갖고 있다.

> 결국 사람들은 저마다 자기 전문 활동 분야 밖에서 모종의 정신적 활동을 하고 있다. 다시 말하면, 그는 "철학자"이고 예술가이며 미식가다. 그는 세계에 관한 특정 개념에 관여하고 도덕적 행위에 대한 의식적 지침을 갖고 있다. 그러므로 세계에 대한 개념의 유지나 그것의 수정, 즉 새로운 사고방식을 창출하는 데 기여한다.[26]

이어서 "그러므로 모든 사람은 지식인이라고 말할 수 있다. 그러나 모든 사람이 사회 속에서 지식인의 역할을 하지는 않는다. …… 이것이 뜻하는 바는 누구나 지식인에 관해 말할 수는 있지만 비지식인에 관해서는 말할 수 없다는 것이다. 왜냐하면 비지식인은 존재할 수 없기 때문이다." 따라서 "새로운 지식인

층을 창조하는 문제는 일정한 발전 단계에 이른 모든 사람에게 존재하는 지적 활동을 비판적으로 정교화하는 것이다."[27]

그람시는 또한 상이한 사회 계급은 자기 계급에 관한 정신적 개념을 형성하기 위해 노력하는 특별한 인간 집단을 만들어 낸다고 주장했다. "경제적 생산의 세계에서 …… 모든 사회 집단은 …… 자기 집단에 동질성을 부여하고 경제적 영역뿐 아니라 사회·정치적 영역에서도 자기 집단의 고유한 기능을 깨닫고 있는 하나 이상의 지식인층을 유기적으로 창조한다."[28] 정당은 이런 과정에 매우 중요하다.

> 일부 사회 집단에게 정당은, 단지 생산적 기술의 영역에서가 아니라, 정치적·철학적 영역에서 직접적으로 유기적 지식인이라는 범주를 정교화하는 특별한 방법일 뿐이다. 이런 사회 집단이 형성되고 생활하고 발전하는 조건과 그 성격을 고려해 보면, 이 지식인들은 이런 식으로 형성되는 것이지 사실 다른 어떤 방식으로 형성될 수는 없다.[29]

그람시는 이런 식으로 정당을 이해하는 것이 참신하다는 점을 잘 알고 있었다. "정당의 모든 당원을 지식인으로 여겨야 한다는 주장은 조롱거리가 되거나 어설픈 풍자만화처럼 되기 쉽다. 그러나, 만약 누군가 그것에 대해 생각해 본다면 그보다 더 정확한 표현은 없다는 것을 알 수 있을 것이다."[30] 바로 이 때문에 개인들이 이미 결정돼 있는 경제적 역할을 뛰어넘어 정치적으로 활동하기 시작하는 장소가 바로 정당인 것이다.

상인은 사업을 하기 위해 정당에 가입하지 않는다. 기업가도 더 낮은 비용으로 더 많이 생산하기 위해 정당에 가입하지 않는다. 농부가 새 경작 기술을 배우기 위해 정당에 가입하는 것도 아니다. …… 정당에서 경제 사회적 집단의 요소들은 그들의 역사적 발전 국면을 뛰어넘어 국가적이고 국제적인 성격을 지닌 더 일반적인 활동 기관이 된다.[31]

그러나 혁명 정당의 당원들이 유기적 지식인으로서 활동하는 방식은 지식인에 관한 전통적인 관념과는 사뭇 다르다.

새로운 지식인이 되는 방법은 외향적이고 순간적인 열정의 움직임인 웅변에 있는 것이 아니라, 건설자로서, 조직자로서, 단순한 연사가 아닌 "항구적인 설득자"로서 실천적 삶에 적극 참여하는 데에 있다. …… 노동의 기술에서 발전해 인도주의적 역사 개념과 과학의 기술로 나아가지 못한다면 "전문가"로 남아있긴 하겠지만 "지도자"는 될 수 없다.[32]

계급투쟁의 새로운 시기가 지금 요구하는 것은 혁명가에 관한 바로 이런 개념이다. 이것은 완전히 새로운 도전은 아니다. 1970년대에 영국 사회주의노동자당 당원들은 당 지부에서만 활동적이었던 것이 아니라 현장 조합원 단체와 국외추방 반대

위원회에서 적극적으로 활동했다. 노조 지부와 노조 위원회에서, 직장위원회에서, 낙태 지지 캠페인과 여성운동 단체들, 인종차별 반대 조직과 이민법 반대 조직, 세입자 보호기구, 일할 권리 캠페인, 반나찌동맹과 기타 많은 조직에서 활발하게 활동했다. 그리고 이 모든 투쟁들에서 단지 사회주의를 위한 선전가로서뿐 아니라 행동의 조직자로서 참여했다.

[1980년대의 침체기에] 사회주의노동자당은 투쟁을 조직하기를 결코 중단하지 않았지만, 여러 해 동안 혁명가들은 매우 제한된 영역에서 이런 역할을 수행할 수 있었을 뿐이다. 우리가 해야 했던 일의 대부분은 한정된 활동가들의 집단을 계속 유지하는 것이었다. 그 활동가들은 마르크스주의 전통을 견지하고 있었기 때문에, 계급투쟁의 새로운 국면에서 우리가 훨씬 더 큰 규모로 투쟁을 이끌고 조직할 수 있는 상황이 다시 한 번 조성될 것이라는 전망을 결코 포기하지 않았다. 반자본주의 정서, 개량주의의 위기, 산업 현장에서 저항의 맹아가 요구하는 혁명가들은 운동의 실제 생활에 깊이 관여하면서 조직자이자 건설자로서 혁명적 전통을 시대적 요구와 연결시키는 항구적인 설득자 구실을 하는 사람들이다.

후주

1. D. Montgomery, 'For Many Protesters, Bush Isn't The Main Issue', *Washington Post*, 20 January 2001, pA 14.
2. '버츠킬리즘'(Butskillism)이란 보수당 정치인 랩 버틀러와 노동당 지도자 휴 게이츠킬의 이름에서 따온 말로, 전후 호황기에 복지국가를 지지하는 초당적 합의를 가리키는 말이다.
3. Ofsted는 교육표준국(the Office for Standards in Education)의 두문자어로, 정부의 교육 정책이 제대로 실행되는지를 감시하는 감독 기구다.
4. See G. de Jonquières and J. Lloyd, 'To Have And Have Not', *Financial Times*, 27/28 January 2001, p. 11.
5. G. Evans, 'The Working Class and New Labour : A Parting of the Ways?', in *British Social Attitudes, 17th Report, 2000~2001*(National Centre for Social Research, 2000), pp. 52~56.
6. Ibid, p. 52.
7. 'Election Turnout To Slump, Poll Says', ICM/*Guardian poll*, 23 January 2001. See http://uk.news.yahoo.com/010123 /11/ axk43.html
8. *State of the Nation October 2000*, 조셉 론트리 트러스(Joseph Rowntree Trust)를 위해 행한 ICM 여론조사, reported in *The Sunday Times*, 21 November 2000, p. 10.

9. 'New Economy : Myths And Reality', *Financial Times*, 13/14 January 2001.
10. 'Persisting Inequalities Underline the Poverty Challenge for Government', Joseph Rowntree Trust press release, 8 December 1999. See *www.jrf.org.uk/pressroom/releases/081299.htm*
11. Quoted ibid.
12. 'New Economy : Myths And Reality', *Financial Times*, op cit.
13. Ibid.
14. *Social Trends 30*, (The Stationery Office, 2000), p. 79.
15. 'Labour Day Finds Strong Support for Unions', Gallup Opinion Poll, 2 September 1999. See *www.gallup.com/poll/releases/pr990902.asp*
16. L. Trotsky, *The Struggle Against Fascism in Germany* (Pelican, 1975), pp. 156~157.
17. 'Theses on the Communist Parties and Parliamentarianism', in J Riddell(ed), *The Communist International in Lenin's Time, Vol 1 : Workers of the World and Oppressed People Unite! Proceedings and Documents of the Second Congress, 1920*(Pathfinder, 1991), pp. 470~471. 이 인용문이 있는 테제의 첫 부분은 트로츠키가 작성한 것이다. 이 테제의 두 번째와 세번째 부분은 부하린과 지노비예프가 각각 작성했다.
18. 1920년 8월 2일 코민테른 제2차대회에서 의회 제도에 대한 논쟁에서 행한 레닌의 연설. See J Riddell(ed), ibid, p. 460.
19. 1920년 8월 2일 코민테른 제2차대회에서 의회 제도에 대한 논쟁에서 행한 J. T. 머피의 연설. See J Riddell(ed), ibid, pp. 454~455.

20. Ibid, p. 455.
21. Ibid.
22. Ibid, p. 454.
23. L. Trotsky, *Lessons of October*(New Park, 1971), p. 62.
24. Ibid, p. 63.
25. Ibid.
26. A. Gramsci, 'The Intellectuals' in *Selections from the Prison Notebooks*(London, 1971), p. 9.
27. Ibid.
28. Ibid, p. 5.
29. Ibid, p. 15.
30. Ibid, p. 16.
31. Ibid.
32. Ibid, p. 10.

인명 찾아보기

ㄱ
개스켈 부인 71
그라이더, 윌리엄 55, 62, 115
그람시, 안토니오 220, 221, 222
기든스, 앤서니 46, 109

ㄴ
나바로, 루이스 에르난데스 41, 119, 120
나세르 104
노르베리-호지, 헬레나 42

ㄷ
대나허, 케빈 62, 139
덩 샤오핑 104
데이빗슨, P. 111
드 골 94
드 셀리, 제라르 43
디킨스, 찰스 71

ㄹ
라가반, 차크라바르티 42
라모네, 이냐시오 69
라미, 파스칼 164
라슨, 플레밍 17
라운드, 로빈 109, 111
레닌, 블라지미르 92, 93, 176, 205, 213, 219
레비, 데이비드 157
레이건, 로날드 74, 154, 158, 165, 194
로슨, 나이젤 182
로저스, 윌리엄 174
룩셈부르크, 로자 92, 93, 128
르펜 167
리베라, 디에고 97
리빙스턴, 켄 40, 186, 189, 190, 218
리치, 마크 42
리카도, 데이빗 83

ㅁ
마르크스, 칼 72, 73, 82, 83, 85, 86, 88, 89, 90, 91, 92, 93, 94, 113, 142

마우드, 하밀 61
맥도널드, 램지 174, 175
맨더, 제리 42
맨델슨, 피터 174
머피, J. T. 206, 207, 208, 209, 214
모부투 29
몬비엇, 조지 43, 130, 131, 132, 133, 197
몰리 105
미탈, 아누라다 42
밀로셰비치 30, 116

(ㅂ)
바뵈프 140
발로, 모드 42, 137
베를루스코니 167
베이컨, 데이빗 55, 56, 57, 58, 62, 78
벡, 줄리엣 62
벤, 토니 186, 197
벤, 힐러리 170
벤저민, 미디어 130, 133
벨로, 월든 42, 53, 62, 115
보베, 조제 42, 164
부르디외, 피에르 43, 69, 70, 82, 99, 126
부시, 조지 74
부시, 조지 W 157

부하린, 니콜라이 93
브라운, 고든 14, 182
브릭스, 바톤 12
블레어, 토니 43, 46, 160, 174, 175, 176, 181, 186, 208
블록, 블람스 168
비컨, 데릭 167
비핸, 브렌던 68

(ㅅ)
사다트 104
삭스, 제프리 51, 61
서워트카, 마크 190
세이, 장-밥티스트 44
소로스, 조지 51, 164
소한, 레만 17
쇼트, 클레어 57
수하르토 25, 30
슈라이버, 스티븐 115
슈라이브먼, 스티븐 53
스노우든, 필립 175
스미스, 애덤 44, 82, 83
스탈린 95, 97
시니어 58
시바, 반다나 42, 63, 64, 66, 69, 106
싱클레어, 업튼 71
쌔처, 마거릿 24, 25, 43, 155, 158, 160, 165, 175, 189, 193, 194

ⓞ
아옌데 135
아를리오, 지에 14
엥겔스, 프리드리히 71, 88, 142
오브라이언, 브론테어 136
오웬, 데이빗 174
올리베라, 오스카 33
월러시, 로리 42
위, 오웬스 42
위드컴, 앤 176
윌리엄스, 셜리 174
윌슨 192

ⓩ
젠킨스, 로이 174
조지; 수잔 17, 28, 42, 43, 59, 61, 63, 70, 104, 116, 117, 121, 122, 123, 197
졸라, 에밀 71
쥐페 34

ⓒ
채플린, 찰리 97
처칠, 윈스턴 130
체임벌린, 카상 94
촘스키, 노엄 42, 43

ⓚ
카상 71
칼리너, 조슈어 137
캐버나, 존 42
캘러헌, 짐 175
커티스, 존 209
케렌스키, 알렉산드르 205
케이스, J. M. 95
켄웨이, 피터 181
코르닐로프, 코벳 205
코빈, 제레미 197
코어, 마틴 42
코튼, 데이븐 42
클라인, 나오미 43, 56, 77, 78, 85, 136, 137, 138, 197
클라크, 토니 42
클리프, 토니 129
클린턴, 빌 55, 122, 182

ⓣ
토머스, 마크 197
토빈, 제임스 109
톰슨, 에드워드 52
투상, 에릭 43, 70
트로츠키, 레온 92, 93, 199, 200, 201, 204, 217, 218

ⓟ
페트라스 105

포레스테, 비비안느 70, 77, 78
포트, 폴 45
포티요, 마이클 176
폭스 121
풋, 폴 197
프레비쉬, 라울 62
프렘찬드 64
프리드먼, 토머스 30, 81
필저, 존 197

ⓗ
하비브, 이르판 65
하이더 168
하인스, 콜린 71
해리, 데브러 42
해리스, 로버트 174
헤이그, 윌리엄 176
호, 매완 63
호르모쿠, 테테 42
호큰, 폴 42, 52
후세인, 사담 30
히르트, 니코 43
히스, 테드 192
힐리, 데니스 175
힐퍼딩, 루돌프 92, 93